LE
PSEUDONOMICON

Copyright © 2004 par Phil Hine

Publié avec entente : The Original Falcon Press.
originalfalcon.com

Éditions Unicursal Publishers
unicursalpub.com

ISBN 978-2-89806-228-5

Première Édition, Litha 2021

AVERTISSEMENT

Il est généralement admis par les magiciens expérimentés que de travailler avec le Mythe de Cthulhu est dangereux en raison du risque élevé d'obsession, de désintégration de la personnalité ou d'infestation par des coques parasites. Tout en tenant dûment compte de cet avis, j'ai décidé de publier ce matériel car, devant le trône d'Azathoth, les questions à savoir qui est sain d'esprit et qui est fou deviennent sans importance.

Tous droits réservés pour tous les pays.

LE PSEUDONOMICON

Phil Hine

UNICURSAL

REMERCIEMENTS

Salutations fraternelles à tous les anciens membres de l'Ordre Ésotérique de Dagon qui pourraient lire attentivement ce livre. Mes remerciements particuliers vont à : Norvegicus, Fra. Areon, IOT Pact USA, Jim Barry, Dave Mitchell et Maria Strutz.

Ce livre est dédié à Frère R.B.B et Sœur Sor. N'yl. Mes remerciements pour leurs inspirations respectives.

La chaosphère en couverture montre les détails de « Yog-Sothoth » de Fra. Shugal 333, OED.

Illustration du Dieu insecte, page 101, par Phil Hine.

Illustrations et photos pages 20, 82, 93, 109, 115, 116 par Maria Strutz.

Ce livret a été initialement publié en édition limitée de 300 exemplaires par Chaos International, 1994.

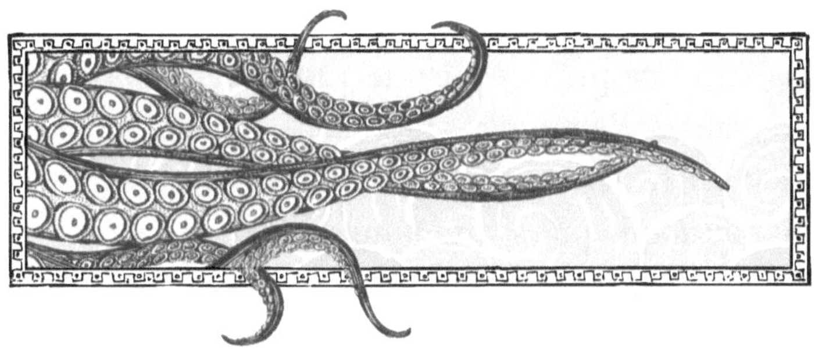

INTRODUCTION

L A MAGIE n'est pas quelque chose qui peut être confiné. Elle se répand rapidement dans d'autres domaines de la vie, prenant parfois au dépourvu les imprudents, propulsant le praticien dans un espace liminal de sensibilité accrue et de conscience d'autres présences, d'autres possibilités. La prise de conscience que « tout est vivant et significatif », comme l'a dit William S. Burroughs, n'est qu'à un souffle. Entrer dans le royaume des fées ne demande qu'un seul pas. La magie n'est pas quelque chose que l'on « fait » simplement. C'est près de nous et personnel. Elle vous tord et fausse votre perception du monde, vous plongeant dans un monde de signes et de présages. Un territoire de symboles in-sondables ; de mystères tapi dans l'ombre. Le magi-cien est hypersensible à l'implosion soudaine de la signification, qui est tantôt une bénédiction, et tantôt une malédiction.

Comment pouvons-nous tirer du sens de ce monde magique de signes ? Qu'est-ce qui rend une expérience valable et non une autre ? Malgré l'empirisme revendiqué des magiciens modernes, cela n'est pas un processus rationnel. Une fois que nous pénétrons le domaine de la magie, la rationalité devient un outil limité et il est souvent difficile de communiquer à quelqu'un d'autre pourquoi une expérience est importante, même entre ceux qui partagent des perspectives similaires. Pour moi, la signification est caractérisée par un degré de *gnose* ou de révélation. C'est une expérience qui me pousse à l'action, que ce soit la réflexion, la considération ou l'ouverture d'un nouveau lieu d'exploration. Ce qui est important, c'est qu'il s'agit d'une vérité personnelle—quelque chose qui « semble bien. » Ce qui ne veut pas dire qu'elle ne peut pas être questionnée. Il est important de remettre en question, tout en chérissant en même temps de telles expériences. Car la malédiction de cette sensibilité à la signification est l'obsession. Il est trop facile pour le magicien de se noyer dans un océan de sens accru, au point où chaque rencontre fortuite est une rencontre avec un adepte des plans intérieurs ; où chaque parole de chanson porte un message personnel qui vous est destiné ; où chaque animal est un esprit familier et tous vos amis étaient des magiciens dans une incarnation précédente. Tout devient significatif, non seulement personnellement, mais aussi à l'échelle cosmique. C'est ainsi que naissent les fanatiques ; ceux qui ont cessé d'apprécier la magie et qui en souffrent à la place.

Les territoires fictifs de H.P. Lovecraft — les collines hantées de Dunwich, les bois d'Arkham, l'océan profond et les zones urbaines labyrinthiques décrites dans « L'Horreur à Red Hook » ou « Le Modèle de Pickman » — regorgent d'un sentiment de présences à l'affût, d'une conscience cachée qui imprègne l'atmosphère. Ses descriptions de lieux et de décors allient la précision des rêves à une certaine ambiguïté qui permet au lecteur de combler en quelque sorte les lacunes. Ses protagonistes pénètrent ces territoires en tant qu'étrangers, seulement pour devenir progressivement (et de manière choquante) conscients de ce qui s'y cache, jusqu'à ce que la pleine signification de la réalité des Grands Anciens les impacte, les changeant à jamais. Ils entrent dans un monde duquel il n'y a aucun retour en arrière, courbés par des secrets qui ne peuvent être partagés par d'autres qui n'ont pas fait l'expérience de la révélation ou, pris pleinement dans le monde des êtres extérieurs et leurs alliés.

La tradition de Lovecraft est un territoire d'allusions aguichantes. Les révélations ultimes subies par ses narrateurs ne sont jamais clairement énoncées, les « livres interdits » trouvés dans les sombres bibliothèques ne révèlent jamais la vérité, ne laissant que des indices et soulevant encore plus de questions. Le paysage des signes demeure mystérieux, et nous devons nous faire nos propres significations plutôt que de les rechercher dans un ouvrage de référence pratique.

Ainsi, *Le Pseudonomicon*—un fouillis de cartes postales provisoires de mes propres incursions dans l'imaginaire Lovecraftien.

—Phil Hine, 2004

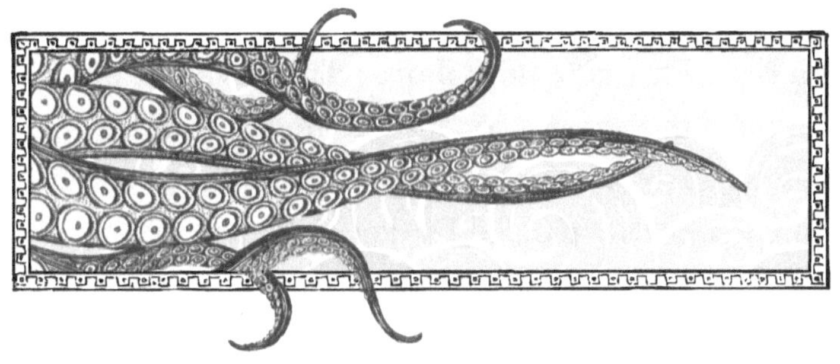

La Démence de Cthulhu

CHAQUE DIEU apporte sa propre démence. Pour connaître le dieu—pour être accepté par lui—pour ressentir ses mystères, il faut alors laisser cette folie vous submerger et vous traverser. Ceci ne figure pas dans les livres de magie, pourquoi? Car d'une part, cela est trop facilement oublié, et d'autre part, parce que vous devez le découvrir par vous-même. Et ceux qui voudraient assainir la magie, purifier la nature sauvage d'explications empruntées à la psycho-pop ou à la science—eh bien, la démence est quelque chose que nous craignons toujours—le grand tabou. Alors pourquoi ai-je choisi Cthulhu? Grand Prêtre des Grands Anciens—gisant en rêvant le « rêve de la mort » dans la ville engloutie, oublié à travers des couches de temps et d'eau. Cela semble si simple de dire que j'ai simplement entendu son « appel » — mais je l'ai fait. Les dieux n'ont pas, en temps normal, grand-chose à dire, mais ce qu'ils disent vaut la peine d'être entendu.

Je me souviens d'un soir passé dans l'appartement d'un ami. J'avais « travaillé » avec Gaia. Pas de mère nouvel âge avec une canalisation sur la sauvegarde des baleines ou la collecte de déchets. J'ai senti une pression s'accentuer à l'intérieur de ma tête — quelque chose d'énorme essayant de se déverser en moi. Des sensations du temps géologique — des couches de neige fondante à travers ma conscience. La chaleur du magma ; lente érosion de continents en mouvement ; le bourdonnements d'une myriade d'insectes. Rien qui fut humain. Ce genre d'expérience m'aide à clarifier mes sentiments sur Cthulhu. Extraterrestre mais pas extraterrestre. Une vaste masse s'agitant quelque part aux alentours du creux de mon estomac. Un battement de cœur, lent, très lent, s'écrasant à travers les vagues. Un œil entrouvert émergeant dans les ténèbres, à travers le monde, les villes, les gens qui marchent à l'extérieur, se décollent lentement. Se révélant à travers toute ma vie, tous les souvenirs et les espoirs se fracassant à ce moment. Me réveillant du rêve de cela pour ressentir une agitation—une inquiétude dérangeante ; l'absolue fragilité de moi-même me revenant fortement à travers des vagues déferlantes de silence.

Ceci est le sens de la démence de Cthulhu.

Coupant une marche à travers une forêt. Il pleut à verse. Les arbres sont dénudés de feuilles, gluants, la boue fouettant sous les pieds. Je les vois comme des doigts tendus qui tentent de saisir le ciel ; comme de sinueuses tentacules. Cthulhu est tout autour de nous. C'est une chose-pieuvre, bestial, aux ailes de dragon—une image thériomorphe, mais de telles choses sont partout autour de nous, comme les arbres, les insectes, la vie végétale, et en nous, comme les bactéries, les virus en incubation ; né momentanément des transformations alchimiques qui se produisent dans mon corps au moment même où j'écris. Dissimulé. Rêvant. Continuant à notre insu. Des êtres inconnus, aux buts inconnus. Cette pensée monte en intensité et me jette latéralement à réaliser que la Nature nous est étrangère. Il n'est pas nécessaire de rechercher des dimensions cachées, des plans d'existence supérieurs ou des mondes mythiques perdus. C'est ici, si seulement nous nous arrêtons pour regarder et ressentir.

Les Dieux anciens sont partout. Leurs traits marqués dans la roche sous nos pieds. Leurs signatures griffonnées dans la torsion fractale des côtes. Leurs pensées résonnant à travers le temps, chaque orage une éruption d'un signal de neurones. Je suis si petit, et il (Cthulhu) est si vaste. Qu'un être aussi insignifiant devienne le focus de cet œil entrouvert qui remonte à travers les éons du temps—eh bien, cela me remet à ma place, n'est-ce pas. Mon moi-magicien soigneusement entretenu (« Je peux commander ces êtres, *je le peux!* ») passe en suractivité momentanée et puis s'effondre, épuisé par l'irruption de l'éternité. Fuir. Se cacher.

Après avoir essayé de sortir du moule, je n'ai réussi qu'à m'effondrer. Je crie intérieurement pour mon innocence perdue. Soudainement, le monde est un endroit menaçant. Les couleurs sont trop vives et je ne peux pas leur faire confiance de toute façon. Les fenêtres sont particulièrement fascinantes, mais elles aussi deviennent des objets à me méfier de Toi (je) ne peux pas faire confiance à ce qui vient par les fenêtres. Nous pouvons regarder à l'extérieur à travers elles, mais d'autres choses peuvent regarder à l'intérieur. J'appuie ma main sur le verre. Quels secrets demeurent enfermés dans ces minces épaisseurs de matière ? Je serais comme du verre si je le pouvais, mais j'en ai peur.

Le sommeil n'apporte aucun répit. La paupière s'ouvre avant même que je m'endorme. J'ai l'impression de tomber, de basculer de haut comme un enfant dans quelque chose… Je ne sais pas quoi. Toute prétention à être un magicien a échoué. Cette chose est trop grosse. Je ne peux pas la bannir et, même si je le pouvais, j'ai un fort sentiment que je ne dois pas. J'ai ouvert cette porte et l'ai franchie sans le vouloir, comme si j'entrais délibérément dans une flaque d'eau seulement pour découvrir que je suis soudainement en train de me noyer. Le pouls de Cthulhu résonne lentement autour de moi. Cthulhu rêve de moi. Je n'en étais pas conscient, et maintenant j'en suis parfaitement conscient, et diable je souhaite ne pas l'être. Je veux retomber dans l'inconscience. Je ne veux pas *connaître* cela. Je me retrouve à développer des rituels par habitude. Vérifiant les prises de courant pour des fuites d'électricité ; évitant les arbres particulièrement dangereux ; vous savez, ce genre de chose.

Je pensais que j'étais une étoile montante, pourtant j'en suis réduit aux quatre murs de ma chambre. Mais même eux ne peuvent me garder de ces sentiments. Lentement, un mécanisme d'auto-conservation se met en marche. La folie n'est *pas* une option. Je ne peux pas demeurer ainsi pour toujours — une autre victime de ce qui n'est jamais mentionné dans les livres de magie. Je commence à comprendre les schémas que j'ai laissés échapper — manger régulièrement (à peu près aux bons moments), me laver, sortir prendre des marches. Parler aux gens — ce genre de chose. Je ressens la sensation de l'œil sans paupière scrutant les abysses du temps et de la mémoire, et je constate que je peux rencontrer cet œil (« je ») régulièrement[1]. L'environnement cesse d'être une menace. Les rituels d'autoprotection (obsessions) disparaissent, et après tout, qu'y a-t-il à protéger ? Les rêves changent. C'est comme si j'étais passé au travers d'une sorte de membrane. Peut-être que je suis devenu du verre après tout. Les pensées de Cthulhu qui s'agitent là-bas dans l'obscurité ne sont plus terrifiantes. Je remarque que je peux, après tout, chevaucher l'influx du rêve. Qu'était cet œil sans paupière sinon mon propre « je »[2] reflété par la peur et l'auto-identification ? Je ne suis plus hanté par d'étranges

---

1   Jeu de mots en anglais, où œil *«eye»* rime avec *«I»* je : *...and I find I can meet that eye (« I ») steadily.* NDT.

2   Voir note précédente, en référence à *mon propre œil.*

angles. Toute résistance s'est affaissée, et je me suis retrouvé une mesure de puissance à sa place.

Bien sûr, ce thème est familier à tous et chacun—le voyage initiatique au dedans et au dehors des ténèbres. Familier pour les mille et un livres qui le cartographient, l'analysent et, dans certains cas, proposent des balises chemin faisant. Ce qui me ramène à pourquoi j'ai choisi Cthulhu, ou plutôt, pourquoi nous nous sommes chacun choisis. Il y a quelque chose de très *romantique* chez H.P Lovecraft. La même romance qui amène les gens vers la magie en lisant Dennis Wheatley. Comme Lionel Snell l'a écrit un jour : « *Quand l'occultisme s'est dissocié des pires excès de Dennis Wheatley, il s'est castré car les pires excès de Dennis Wheatley sont là où s'en est.* » Il y a quelque chose de déchirant, d'excitant, d'impressionnant—de romantique—à propos de la magie Lovecraftienne. Comparez-la avec la masse de livres disponibles sur différents « systèmes » magiques qui abondent dans les librairies modernes. Des symboles partout—toute chose est devenue un symbole, et d'une certaine manière, (du moins à mon avis), moins réel. Des expériences extraordinaires ont fait naître toutes les sensations, dans de courtes descriptions et listes—toujours plus de listes, de graphiques et de tentatives pour bannir l'inconnu avec des explications, des équations et des structures abstraites pour que d'autres personnes puissent s'y attarder.

La magie Lovecraftienne est *élémentaire*, elle a une présence *immédiate,* et résonne avec les peurs enfouies, les aspirations et les rêves. Les Grands Anciens et leurs proches ne peuvent être que des fragments du mystérieux, ne pouvant jamais être codifiés ou desséchés afin d'être examinés par les érudits. Oui, vous pouvez faire rebondir la gématrie jusqu'à ce que vous ayez mis en équation ce dieu avec ce concept, et je pense vraiment que la gématrie, si elle est utilisée de manière appropriée, peut devenir un fil avec lequel vous pouvez commencer à tisser votre propre démence de Cthulhu, basculant dans des significations sous-schizoïdes. Il n'y a pas de Necronomicons—d'accord, je reprends cela; il existe de nombreux necronomicons *publiés*, mais aucun d'entre eux, pour moi, ne rend justice à ce sentiment de « tome totalement blasphématoire » qui vous rend fou après une lecture approfondie. S'il existe réellement, il se trouve à quelque part dans une bibliothèque où vous devrez passer par la folie pour en obtenir la clé, pour seulement découvrir que, ce qui fonctionne pour vous, n'aura probablement que peu de sens pour tous les autres. Après tout, pour certaines personnes, *Fanny Hill* était blasphématoire. Tout l'intérêt du Necronomicon est qu'il s'agit d'un code pour ce genre d'expérience, lequel déforme toute votre vision du monde et, tandis que les idées de cette illumination dansent en ronde de votre tête, vous poussent à *agir* en conséquence—à faire ce qui « doit » être fait dans le feu de la *gnose*—qu'il soit question du Dr Henry Armitage partant pour Dunwich ou la conversion des Grecs par Saül, les flammes de sa vision sur la route de Damas dansant dans son cœur. Cette expérience, ce centre d'où jaillit le *magis*—le pouvoir—est pour moi le noyau de la magie—le *mystère* central, si vous voulez. La Gnose de la présence d'un dieu arrache les voiles et vous laisse haletant, essoufflé. L'armure du personnage est emportée (jusqu'à ce que lentement elle redevient une carapace) et brièvement, vous parvenez à toucher le cœur de ce mystère inconnu, en repartant avec un éclat intérieur. Ça se détache, ça fait son chemin à l'intérieur, ça devient une douleur fatigante, que nous devons y retourner pour en obtenir davantage. La plupart des rituels magiques « préparés » que j'ai faits ou auxquels j'ai participé ne s'en approchent même pas. Pourtant, tous les actes magiques que j'ai accomplis, en réponse à des circonstances extérieures, au fracas des événements ou à un lourd besoin intérieur, m'ont propulsé au premier plan du mystère. Je me souviens encore avoir vu une sorcière prêtresse « possédée » par Hécate. Les yeux… n'étaient pas humains. Cette année, en réponse à Ma supplication venant de la confusion et du tourment, le dieu sauvage Pasupati s'est penché et m'a regardé, une vision d'une blancheur flamboyante, dont le brûlement brille toujours aux extrémités.

La vraie magie est sauvage. La nuit, je peux sentir la quasi-présence des Grands Anciens. Lorsque le vent secoue les fenêtres. Quand j'entends le grondement du tonnerre. Lorsque je monte sur une colline et que je réfléchis à l'âge que peut avoir cet endroit. Pour les ressentir près de moi, il me suffirait de rester là jusqu'à la tombée de la nuit. S'éloigner des habitations des hommes. Loin de notre fragile ordre et rationalité, et dans la nature sauvage, où même les yeux d'un mouton peuvent sembler étranges au clair de lune. À l'extérieur, vous n'avez pas besoin d' « appeler les choses »—elles ne sont qu'à un souffle près. Et vous êtes encore plus près de Cthulhu que vous ne pourriez autrement le penser. Une fois encore, c'est une petite chose, et rarement mentionnée, mais il existe une différence entre un « magicien » pensant avoir le droit d'« évoquer les Grands Anciens », et un magicien qui *ressent* un sentiment d'appartenance avec eux, et qui n'a nul besoin de les appeler.

N'importe qui peut les appeler, mais peu sont ceux qui peuvent le faire à partir d'une reconnaissance née d'une affinité. Il y a une grande différence entre pratiquer un rite, et en avoir le *droit*[3]. Mais une fois que vous vous êtes présenté devant un dieu, laissant sa folie vous envahir et vous changer, alors se crée un lien qui est *authentique*, au-delà de toute explication ou rationalisation humaine.

Nous forgeons des liens avec les dieux que nous choisissons et avec les dieux qui nous choisissent. C'est un échange qui va dans les deux sens, dont les conséquences peuvent mettre des années à se manifester dans votre vie. Mais alors, les dieux ont tendance à être patients. Cthulhu rêve.

---

3   Ici encore un jeu de mots : ...*there's a great difference between doing a « rite », and having the « right »*. Le sens en français demeure toutefois inchangé. NDT.

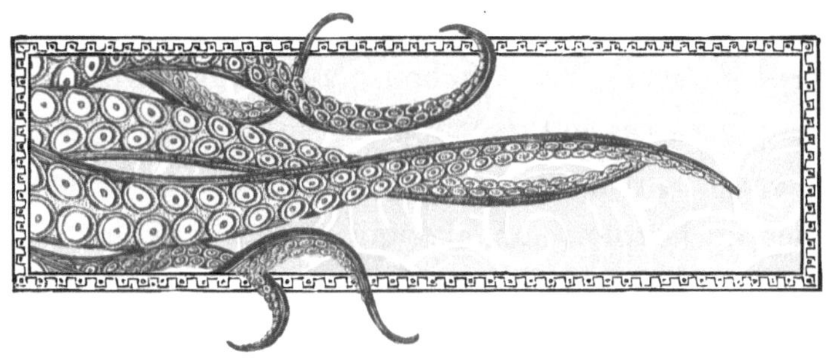

Invocations de l'Altérité

Pourquoi choisir de travailler magiquement avec les Grands Anciens et leurs proches ?
Il y a plusieurs raisons personnelles pour lesquelles un magicien pourrait accorder une valeur à un tel travail.

Un Territoire Inexploré

Contrairement à la plupart des entités magiques, le Mythe des Anciens comporte relativement peu de détail—d'où les tentatives de certains occultistes pour les grouper et les identifier en chartes de correspondances et de symbolismes. Les histoires dans lesquelles ces entités apparaissent sont incroyablement fragmentaires, cependant, tous les éléments clés de l'exploration magique y sont présents : un sentiment de paysage sacré ; la puissance des rêves ; la participation au sabbat ; la divination ; le changement de forme, et plus encore. À partir du squelette du Mythe, un magicien peut se tisser un « système » unique et personnel basé sur l'expérience obtenue avec ces entités. Il importe peu que les nuances de ce système puissent ou non être transmises à d'autres, pourvu qu'il fonctionne.

Le Glamour Romantique

L'idée d'oser invoquer des êtres d'une puissance incalculable, qui sont susceptibles de vous arracher le visage en dépit de l'exactitude avec laquelle vous pratiquez la conjuration, comporte en soi, un attrait. C'est glamour, surtout si vous continuez à chérir secrètement le souhait que la magie est, réellement, comme cela se déroule dans les films d'horreur—vous savez, des vierges blondes, d'anciens autels, des choses avec des tentacules répondant à votre invocation—et avouons-le, quel magicien ne le fait pas? La Magie de Cthulhu a un glamour attrayant car elle conserve toujours autour d'elle une aura de mystère et de menace—quelque chose qui a été atténué dans d'autres formes de magie contemporaine (qui a été rognée par des psychologues, des apologistes et des physiciens en herbe). La magie devrait être dangereuse, n'est-il pas? Jouer avec la folie et l'anxiété existentielle fait partie du travail, pour ainsi dire. Pareillement, la magie du Mythe du Cthulhu peut être attrayante en raison de son « dur »[4] statut, vraisemblablement par opposition au fait de travailler avec Isis, qui est généralement perçue par certaines personnes comme une « magie douce ».

D'après mon expérience, ceci est une perception erronée. Isis n'a peut-être pas de tentacules, mais elle peut s'avérer être une méchante mère. Il n'y a particulièrement rien de mal à maintenir un tel glamour à propos des Grands Anciens (ou quoi que ce soit d'autre), mais cela peut limiter votre vision, et réduire l'éventail de vos options pour travailler avec ces entités.

---

4   *« Git' ard » status*. NDT.

L'Attitude de l'Étranger

C'est une attitude de l'esprit qui est très liée à ce qui précède ci-haut. Cela correspond parfaitement au scénario de base de Lovecraft, puisqu'un grand nombre de ses narrateurs étaient des « Étrangers » —des gens qui, en raison de leurs connaissances interdites, de leur généalogie ou de leurs intérêts, se trouvaient en marge de la civilisation. Alternativement, ils se sont rendus vulnérables en raison de leurs études des arcanes. Alors qu'ils s'approchaient prudemment de l'indicible vérité, ils retraient au-delà des limites de la rationalité et des préoccupations de la société ordinaire. Encore une fois, cela peut être une partie essentielle du voyage. D'accord. J'ai rencontré un grand nombre de jeunes hommes désespérément chargés de malheur qui semblent se convaincre que la décadence non-conventionnelle peut être obtenue tout en vivant dans une petite pièce avec un revenu encore plus petit.

Cependant, un cynique pourrait regarder ces « étrangers » et souligner qu'ils sont également névrosés, réprimés (évidemment, tout en maintenant le contraire) et manquant désespérément de tout ce qui s'apparente aux compétences sociales de base. Ce n'est peut-être pas agréable à entendre, mais malheureusement pour certaines personnes, l'un des attraits de l'occultisme est que vous pouvez vous convaincre que vous êtes un puissant adepte tandis que le reste du monde demeure continuellement étonné de votre totale incompétence sur des plans plus solides que le plan astral. La raison pour laquelle je dis cela, c'est parce que c'est comme ça que j'étais lorsque j'ai débuté la pratique de la magie, et que je me suis particulièrement intéressé aux entités du Mythe de Cthulhu. C'est probablement une phase que vous devez traverser, comme avoir des boutons ou quelque chose du genre, mais bien sûr, vous avez la possibilité d'en sortir grandi.

ANTINOMISME

La magie du Mythe de Cthulhu peut contribuer au développement d'une attitude Antinomienne. Un principe fondamental de la Magie du Chaos est que le déploiement continu de techniques antinomiennes sur vous-même est vital au développement magique, d'où les différents *Libers* de Crowley, et l'accent mis sur la métamorphose et la libération dans *Liber Null*, pour ne citer que deux sources. Le critère de réussite avec cette pratique est subtil. Vous pouvez facilement repérer quelqu'un qui porte sa « bizarrerie » sur sa manche (ils essaient si fort parfois que cela donne l'effet opposé), mais un magicien expérimenté dans l'attitude antinomienne n'a pas à s'afficher d'aucune manière. La pratique antinomienne est communément associée au concept de devenir « extraterrestre » — quelque chose encore qui possède un glamour romantique. Mais devenir « extraterrestre » est bien plus qu'une question de s'habiller avec des vêtements étranges et de dire « bip bip » aux gens (ou « Salutation Shub-Niggurath », si vous préférez). Non, regardez encore les films et les histoires d'horreur. Souvent, les extraterrestres qui réussissent le mieux sont ceux qui se fondent dans la foule.

Alors, comment le Mythe de Cthulhu aide-t-il au processus ? Premièrement, les Grands Anciens ne sont pas particulièrement intéressés à l'humanité. La plupart des entités magiquement utilisées ont une sorte d'intérêt déclaré pour l'humanité, ce qui les rend utiles pour les enchantements, la divination, l'illumination, etc. À quoi sert quelque chose qui pense que les humains sont, au mieux, des insectes utiles, et dont la principale forme de communication est de faire un trou dans votre tapis ? Eh bien, le fait même qu'ils ne portent aucun intérêt aux buts et aux désirs humains et à la plupart des choses que nous pensons importantes est, en soi, utile. Si vous travaillez dans cette perspective, alors bien sûr, vous allez voir l'humanité comme des fourmis, mais il est également probable que vous obtiendrez un nouvel aperçu de votre propre lots de désirs, d'attitudes et de motivations. Or, ce genre de choses peut facilement conduire au mysticisme, où l'on aboutit, si l'on a mal compris le genre d'aphorisme qui dit qu'un banquet équivaut à quelques miettes sur le tas d'ordures.

Pourquoi tant de gens choisissent-ils volontairement une vie de pauvreté à celle d'une opulence indulgente comme moyen pour devenir mystique, nous ne le saurons peut-être jamais. Heureusement, les bons magiciens évitent un tel sort.

Mais il y a plus à cela que la métanoïa—vous percevoir sous un angle différent. Une caractéristique essentielle du Mythe de Cthulhu est la Transfiguration—l'évolution vers une nouvelle façon d'être, tel qu'Un des Profondeurs[5] ou une Goule. Cette transfiguration apporte non seulement une

---

5   Deep One. NDT.

nouvelle perspective, mais aussi la capacité de vivre dans d'autres mondes, et une sorte d'autosuffisance qui ne dépend pas des points de vue et des jugements des autres. Cela s'apparente au principe d'Amour-Propre de Spare, lequel j'ai examiné en profondeur dans *Prime Chaos*. Le thème de la Transfiguration sera examiné en détail plus loin dans ce livre.

Devenir la Bête

Commun à la pratique de l'Antinomisme et de la Transfiguration se trouve le processus d'intégration de nos soi-disant « Âmes Monstrueuses ».

Ce processus comporte trois étapes, qui pourraient être décrites comme: Craindre la Bête; Ressentir la Bête; Nourrir la Bête. En pratique, ce processus s'apparente à entrer dans des états de conscience ataviques afin de les intégrer dans la psyché — par la volonté, pour ainsi dire. Il y a beaucoup de puissance dans cet aspect des Grands Anciens — les vagues suggestions du pouvoir qui ont longtemps été niées, de ce qui existe au-delà de l'univers « ordonné » dans lequel nous habitons la plupart du temps. C'est pourquoi je suis toujours autant en désaccord avec les tentatives d'incorporer les Grands Anciens dans les systèmes magiques existants—leur pouvoir réside dans le fait qu'ils sont « non dimensionnés et invisibles ». De la même façon que les sombres terreurs de la psyché conservent leur pouvoir car elles ne peuvent jamais être totalement liées.

Vous ne pouvez pas les contraindre dans un triangle—vous devez abandonner toute sûreté et pénétrer dans leur monde. Si vous revenez, vous en reviendrez transformé.

Les éléments de ce processus en trois étapes peuvent être observés dans les travaux de Kenneth Grant et, plus récemment, de Linda Falorio et Mishlen Linden. Les Tunnels de Set ne sont qu'une voie dans cette Gnose tordue, et j'examinerai d'autres facettes en temps voulu.

LES RITES DE LA TERRE

Les points dont j'ai parlé plus haut se rapportent à l'état intrapsychique du magicien. Cependant, un autre facteur soulevé en travaillant avec les Grands Anciens est celui de l'interaction perceptive avec la Nature.

Cela peut sembler étrange au début, car les Anciens sont généralement considérés comme étant au-delà du naturel. Cependant, comme l'écrit Lovecraft : « ... le vent murmure avec leurs voix et la terre marmonne avec leur conscience. »

Essayer de comprendre les Anciens du point de vue de la tradition magique occidentale générale est très semblable à celui d'un scientifique essayant de s'attaquer aux phénomènes naturels. Comme le dit Benoit Mandelbrot (1984) :

> L'existence de ces motifs nous met au défi d'étudier ces formes qu'Euclide laisse de côté comme étant sans forme, pour enquêter sur la morphologie de l'amorphe. Les mathématiciens ont cependant dédaigné ce défi et ont de plus en plus choisi de fuir la nature en élaborant des théories sans lien avec tout ce que nous pouvons voir ou ressentir.

Je crois que ce point de vue est similaire à celui de la magie occidentale, laquelle possède une touche très « intérieure ». Au moins, chaque fois que j'ai pratiqué des rituels tels que le Rituel Mineur de Bannissement du Pentagramme, j'ai toujours senti que de telles procédures ne sont pas appropriées pour le travail extérieur. Tout comme les scientifiques se sont retirés de la complexité chaotique de la nature, au profit de la recherche de particules microscopiques et de tests en laboratoire, de même la théorie magique tend à créer une Tour de Babel interne, où le symbolisme occulte l'opérateur de la perception directe de la réalité.

La magie du Mythe se tient en dehors de l'édifice des systèmes symboliques et des hiérarchies d'esprits soigneusement construites. L'emphase que j'ai mise sur le déconditionnement et l'antinomisme sert à réduire la tendance à cartographier la perception selon des réflexes conditionnés. Au contraire, la perception devient un acte de communion sensorielle avec le monde dans lequel nous sommes immergés. La perception a été traditionnellement décrite comme un événement interne purement passif, dont chaque sens considéré comme étant séparé des autres. C'est ainsi que la perception a été étudiée, mais elle ne correspond pas à notre expérience immédiate de la perception, laquelle est globale, plutôt que catégorisée.

Une grande partie de la technique magique est conçue pour centrer la conscience le long d'un seul vecteur directionnel. L'utilisation de sceaux, de symboles de méditation, de mantras, etc., aide à atteindre un état où la conscience d'un sujet est perdue, et le centre d'attention, alimenté par la gnose, est projeté en avant. J'ai découvert qu'en travaillant la magie du Mythe, il est utile de développer un talent opposé, l'élargissement de la conscience sans focus particulier, jusqu'à ce que l'on perçoive tous les aspects de l'environnement immédiat comme un moyen pour obtenir une possible communion.

Notre perception de l'environnement ne demeure pas constante. Passez environ une semaine loin de la brume de la vie urbaine, et vous commencerez à remarquer des changements dans votre perception de l'environnement immédiat, tout particulièrement si le dialogue interne est remplacé par le silence pendant de longues périodes. La conscience « normale » de la vie urbaine diffère distinctement de la conscience « normale » de la campagne. Traduisez ces changements de conscience dans votre conscience de la vie urbaine, et vous découvrirez de nouvelles avenues de perception qui se déploieront autour de vous et en vous. Vous ramenez la perception des Anciens dans la ville.

TRANSMUTATIONS

Une conséquence de la Magie de Cthulhu qui a souvent été proposée est que le magicien qui s'aligne sur ce courant introduit activement de tels éléments dans le courant humain de la vie. C'est une idée très courante dans la métaphysique magique, et la plupart des ordres magiques ont tendance à penser que leur travail contribue (d'une manière ou d'une autre) au développement évolutif de la culture humaine. Ceux qui adhèrent à cette perspective concernant le Mythe de Cthulhu, avancent l'argument selon lequel le contact avec les Anciens est un processus d'union des racines chthoniennes de la conscience primitive aux magies stellaires du futur. Cette idée peut être trouvée dans les écrits magiques d'adeptes aussi distincts que Dion Fortune, Kenneth Grant et Pete Carroll. Sous l'abysse, cette question est discutable. Au-dessus de l'abysse, c'est sans importance.

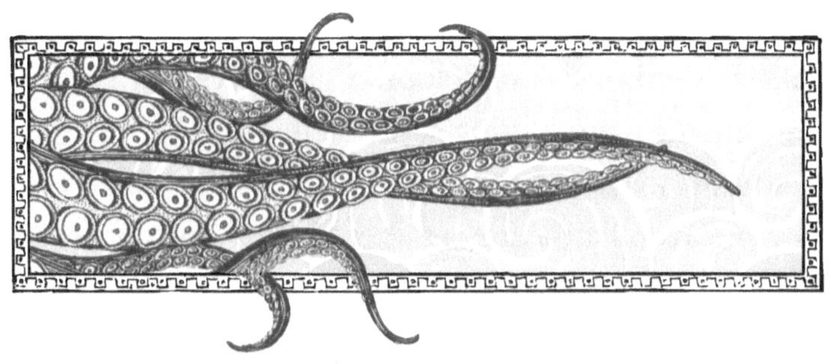

Le Mythe et la Magie

UNE GRANDE partie de mon impulsion à tenter un travail de la sorte vient du mécontentement que j'ai ressenti à l'égard des autres textes qui ont tenté de traduire le Mythe de Cthulhu dans un format magique opérationnel.

La plupart des textes ont tendance à suivre le format d'un grimoire—un lot de rituels et de sorts que le lecteur peut utiliser. Cependant, étant donné la nature du Mythe de Cthulhu, je n'ai jamais pensé qu'il était tout à fait approprié de simplement y adapter tout autour des procédures magiques existantes. Par conséquent, en travaillant avec les Grands Anciens, j'ai eu tendance à développer des procédures opérationnelles qui diffèrent de celles inhérentes à la tradition magique occidentale. Cela me semble s'accorder avec l'atmosphère des Contes du Mythe où, les sorcelleries relatives aux Grands Anciens sont plus en rapport avec les pratiques extatiques du chamanisme, des survivances de la sorcellerie, ou du vaudou, plutôt que les traditions intellectuelles de la Golden Dawn et de ses ramifications.

La Théorie et L'Application

Une grande partie de ce qui paraît pour de la théorie magique est un méli-mélo de concepts, allant des cartes des plans intérieurs dérivées de la théosophie à la psychothérapie pop et à la physique « alternative ». À savoir dans quelle mesure cela est « Vrai » au sens absolu n'est pas pertinent, du moins selon un point de vue du Chaotique, puisque c'est l'investissement de la croyance dans un concept qui le rend viable, plutôt que sa cohérence. La plupart des théories occultes sont traitées de la même manière que les descriptions scientifiques générales du monde. C'est-à-dire, qu'elles sont présumées être « vraies » indépendamment de l'expérience humaine. Ces dernières sont connues sous le nom de *théories d'action*. Cependant, il existe un deuxième type de théorie, la *théorie en usage*, qui relève les lignes directrices et les schémas qu'apprend un praticien, à travers la pratique et l'expérience individuelle, ce qui lui permettent d'être efficace.

Je trouve particulièrement utile cette distinction entre les concepts formalisés et personnels lorsque l'on aborde le Mythe de Cthulhu. Les théories d'usage ne peuvent pas être enseignées : elles sont personnelles et tendent à opérer au niveau de présomptions inconscientes. Elles ne peuvent être apprise par l'individu que par un processus d'expérimentation pratique en temps réel. De la même manière, les théories magiques d'usage ne peuvent être enseignées. Un magicien débutant peut recevoir des théories d'action et apprendre des techniques de base et leur application, mais il se doit de développer ses propres théories d'utilisation car elles font partie du cheminement pour devenir un Adepte. En ces termes, un Adepte serait le magicien dont les théories personnelles en usage ont été affinées au point où il n'a plus besoin d'avoir recours à des formulations ou à des théories prédéfinies.

J'ai découvert que travailler avec les entités du Mythe de Cthulhu est un processus très personnel et cela au point que je ne crois pas qu'il soit nécessaire de donner des formulations définies pour les rituels et autres.

Au lieu de cela, j'examinerai certaines des techniques magiques qui sont particulièrement appropriées pour œuvrer avec le Mythe de Cthulhu, mais il n'en tiendra qu'à vous de décider quand et comment vous les appliquerez.

DES BANNISSEMENTS

L'omniprésent « Rituel de Bannissement » est généralement considéré comme un élément clé des approches conventionnelles de la magie rituelle. À un point tel qu'on suppose souvent, par automatisme, que chaque événement rituel devrait débuter par une sorte de rituel de bannissement. Autrement dit, cela devient une habitude, dont l'usage n'est pas remis en cause. Le concept du Rituel de Bannissement semble provenir de l'Ordre Hermétique de la Golden Dawn, et a continué à imprégner la plupart des approches de la magie post-dix-neuvième siècle, depuis les diverses traditions de la Wicca jusqu'à la Magie du Chaos.

Afin de discuter de la pertinence des Rituels de Bannissement pour la Magie de Cthulhu, je vais poser la question : à quoi sert un Rituel de Bannissement ? Une fois de plus, les réponses à cette question dépendront beaucoup des goûts individuels, mais voici deux « explications » courantes pour l'utilisation des rituels de bannissement :

« Le rituel crée un espace physique/astral fortifié et purifié, ce qui est une condition préalable vitale à tout acte magique formel — qu'il s'agisse de méditation ou d'autres travaux rituels. »

« Il empêche le magicien d'être attaqué par des forces malveillantes. »

Généralement, un Rituel de Bannissement consiste en une réorganisation et une sacralisation volontaires de l'espace, selon un schéma ou une structure particulière. L'utilisateur se place au centre, ou *axis mundi*, autour duquel sont disposés au moins 4 points cardinaux ou directions comportant un certain symbole d'aspiration ou de transcendance (divinité, Tao, Chaos) « au-dessus » de l'utilisateur. Les points cardinaux deviennent des stations où peuvent être tracés des symboles protecteurs, tels que des pentagrammes ou auxquels peuvent être invoqués des esprits protecteurs, tels que des archanges, des formes de divinités dieu ou déesse, etc. Les scripts de Rituels de Bannissement ont tendance à suivre un modèle selon lequel l'utilisateur, au moyen de la parole, du mouvement et de la visualisation, établit des connexions avec lui-même, l'espace physique et l'espace astral. Cela est généralement considéré non seulement pour créer un espace « sûr », comme préliminaire à un travail magique ultérieur, mais également pour aider le magicien à faire la différence entre le comportement et la pensée ordinaires, et le focus sur l'activité magique qu'il est sur le point de faire.

Tout comme un Bannissement est généralement effectué pour ouvrir un événement magique formel, il est également utilisé pour « clore » un événement, agissant pour fermer « l'espace magique » et renforcer la « fin » de l'événement rituel et le retour à la conscience régulière. Généralement donc, le rituel de bannissement vise à établir des limites—soit pour garder *à l'extérieur* les influences indésirables, soit, dans certains cas, pour créer un espace afin d'inviter des présences *à l'intérieur*. De plus, le rituel de bannissement agit comme une démarcation formelle du passage de l'espace et de la conscience « ordinaires » à l'espace et à la conscience « magiques ». L'acte de procéder à un bannissement aide l'individu à assumer le rôle de magicien, et l'aide à centrer son esprit sur les actes magiques qu'il est sur le point d'entreprendre, laissant de côté les soucis et les préoccupations de son existence mondaine.

Sous-jacent à l'utilisation générale des rituels de bannissement, il semble y avoir une croyance selon laquelle les événements magiques ne peuvent avoir lieu que dans un espace spécialement préparé — dans la mesure presque où la magie ne peut se produire que dans un tel espace et qu'elle ne peut pas autrement prendre place dans une expérience quotidienne, comme si l'expérience magique pouvait être activée ou désactivée à volonté. Effectivement, les auteurs classiques de la tradition ésotérique occidentale ont fait grand cas de l'injonction de ne pas permettre à des niveaux magiques d'expérience de s'immiscer dans la conscience de tous les jours. Le rituel de bannissement renforce la distinction entre la réalité mondaine (quotidienne) et la réalité magique. Cette distinction n'est pas un absolu — elle relève d'une tradition intellectuelle particulièrement occidentale et il peut bien arriver un moment, lors de notre travail magique, où cela ne correspond plus à notre propre expérience personnelle de la réalité magique.

Ce dernier point est significatif en termes de magie du Mythe de Cthulhu. Dans les histoires de Lovecraft, les Grands Anciens et leurs descendances sont omni-présents. Ses sorciers et cultistes se rendent dans des endroits sombres et solitaires où leur présence peut être ressentie. Il insiste continuellement sur le fait qu'une fois ouverte, la porte bascule dans les deux sens. L'infâme Necronomicon par Simon présente de manière plutôt mélodramatique l'avertissement qu'« il n'y a pas de bannissements efficaces pour les forces invoquées dans le NECRONOMICON ».

Certains critiques occultes de la magie Cthulhu semblent prendre cela au pied de la lettre, tandis que d'autres l'ont correctement, à mon avis, exposé comme un excellent exemple d'« excessivité » magique. Pour moi, le problème n'est pas tant que les entités Cthulhuoïdes ne peuvent pas être bannies, mais plutôt à savoir si le concept du bannissement est en lui-même utile lorsque l'on approche le paysage magique que Lovecraft nous a légué.

ALTERNATIVES AU BANNISSEMENT

Le premier point à considérer est que le bannissement est contextuel. Il peut y avoir des situations où il est tout à fait approprié de débuter et de clore un événement magique par un rituel de bannissement formel, et d'autres où ce n'est pas le cas. On ne peut faire ce genre de distinction que par l'expérience pratique.

Deuxièmement, il peut être utile de distinguer entre les deux modes de bannissement—l'*ouverture* et la *fermeture*. Une fois fait, il devient alors plus facile d'envisager des approches alternatives aux structures rituelles formelles. Pour ouvrir un événement magique, nous pourrions envisager d'autres approches pour reconnaître les moments de transition. Une approche simple, mais souvent efficace pour les travaux à l'intérieur, consiste à effectuer des transitions en utilisant des changements de luminosité. Passer de l'éclairage électrique à l'obscurité, puis à la bougie ou à la lueur du feu peut en soi créer un subtil changement d'humeur. Une autre approche simpliste est l'utilisation du son. Un événement magique débute dans le silence, dans lequel apparaît progressivement le son d'une flûte, d'un gong ou d'un bol chantant.

De simples méthodes comme celles-ci peuvent faire beaucoup pour créer une atmosphère de tension et d'attentes accrues de la part des célébrants, ce qui est tout à fait approprié pour ouvrir un événement magique. Dans les travaux extérieurs, le son peut être particulièrement efficace, surtout s'il se trouve à une certaine distance du site immédiat. Pour les praticiens solitaires, développer des schémas de mouvements et de gestes silencieux peut être utile (le livre de Steve Wilson de 1994, *Chaos Ritual*, donne d'excellents exercices pour concevoir des postures, des gestes personnalisés, etc.) des alternatives aux rituels plus formels.

ÉVÉNEMENTS PLUTÔT QUE RITUELS

Pour la présente discussion, je voudrais attirer l'attention du lecteur sur la distinction entre les *rituels* magiques et les *événements* magiques. Le terme « rituel » implique généralement un certain degré de structure formelle, un script ou une séquence d'éléments distincts (même si le rituel est pratiqué sur une base *ad hoc*). Les rituels ont des débuts et des fins distincts. Cependant, les événements magiques peuvent être beaucoup plus « flous » sur les bords.

Alors que les rituels sont généralement des activités intentionnelles, les événements eux n'ont pas besoin de l'être, et peuvent inclure ces situations bizarres et spontanées dans lesquelles l'étrange s'immisce dans la vie quotidienne sans que les personnes présentes aient nécessairement à faire quoi que ce soit d'intentionnel. Ainsi, un « événement magique » peut être déclenché par un rituel ou tout autre acte magique intentionnel ou, inversement, un événement magique peut amener le ou les participants à accomplir un rituel en réponse à celui-ci. Un événement magique peut englober bien plus qu'un rituel particulier ou ses conséquences immédiates. Parfois, ce n'est qu'en rétrospective que nous pouvons identifier l'élément « déclencheur » d'un événement magique. Parler d'événements magiques plutôt que de rituels nous permet de considérer ces éléments, propres à l'expérience magique, qui créent le contexte et lui donne un sens. Bien trop souvent, les rituels sont présentés comme des « scénarios » distincts, dépourvus d'historique—un peu comme on présente une recette de cuisine, mais avec moins d'attention au résultat. Personnellement, je trouve beaucoup plus intéressant de lire sur un rituel dans le contexte personnel de ses créateur ou de ses utilisateurs—ce qui les a amenés à créer ou à tenter le rituel, leurs observations à ce sujet, comment ils se sont sentis ensuite, suivi des conséquences à long terme ou d'autres résultats.

Les événements magiques peuvent aussi inclure des actes intentionnels qui ne sont pas des rituels formels, mais qui ont indéniablement un effet sur les participants.

ORCHESTRER LES ÉVÉNEMENTS

Lorsque j'essaie d'orchestrer tout type d'événement magique, je crois qu'il est important de prendre en considération le type d'émotions et de sensations qui lui sont appropriées. Rien que par le ton de la voix, vous pouvez éveiller en vous (et en toute autre personne présente) un sentiment d'expectative ou marquer la fin d'un événement. Parler à voix basse et parler d'une voix ferme et autoritaire véhiculent différents messages. Parmi les discussions nébuleuses sur le symbolisme et les énergies magiques, il est facile d'oublier que même un rituel de bannissement formel est une synthèse du mouvement, du geste et de la parole, et que ceux-ci sont tout aussi importants, sinon plus, que les éléments symboliques.

PARVENIR À CLORE

Parvenir à *clore* un événement magique est souvent plus difficile que d'en ouvrir un. L'utilisation de structures rituelles formelles de bannissement et de fermeture du cercle tend à faire croire qu'une fois celles-ci exécutées, la magie « s'arrête » et que tous les participants « reviennent à la normale ». Cependant, mon expérience pour avoir pris part à des travaux magiques individuellement et dans divers groupes, au cours des vingt dernières années, je dois dire que les choses sont rarement aussi simples. La récupération ou « redescendre » d'un événement magique intense peut être un long processus.

J'ai participé à des rituels qui ont été « fermés » par un bannissement formel et les chefs de cérémonie ont supposé que tout était « de retour à la normale », même lorsque certains participants n'étaient clairement pas encore remis de l'intense état de conscience que le rituel les avait aidé à atteindre. Quand on y pense, ce n'est pas si étrange. Le travail magique peut plonger les praticiens dans des états de conscience intenses, progressant parfois en d'intenses visions, révélations et des expériences qui peuvent changer une vie. Alors peut-être serait-il utile de faire la dis-

tinction entre une fermeture *immédiate* et une fermeture *à long terme*.

La fermeture immédiate est la démarcation faite
pour signifier la fin d'un événement magique—ce
que l'on fait pour se détendre, en d'autres termes.
Cela peut varier entre des gestes et des déclarations
verbales de fermeture afin de retirer les accessoires
utilisés, d'écrire dans son journal ses impressions immédiates sur l'événement ou discuter de l'événement
avec les autres participants, etc. La fermeture à long
terme est davantage liée à la gestion et à la réper-
cussion des effets que l'événement magique a eu sur
vous.

Participer à un événement magique, c'est un peu
comme aller voir un bon film ou une pièce de théâtre.
Il nous transporte dans un autre monde. Lorsque les
lumières s'allument et que le rideau tombe, l'événement immédiat est alors terminé, mais nous quittons
cet espace magique avec les sentiments et les pensées
qu'il a suscités en nous. Si nous y allons avec des amis,
l'événement peut se poursuivre au fur et à mesure
qu'il sera discuté, étudié et que les moments favoris seront partagés et remémorés. Les citations sont
utilisées dans la conversation, provoquant le rire et
la reconnexion. Un événement magique peut égale-

ment faire cela. Certainement, pour moi, une façon de mesurer le succès d'un événement magique est qu'il fait naître de nouvelles idées, de nouveaux liens entre les concepts, un sentiment de reconnexion avec le monde. Alors pour ma part, la fermeture à long terme concerne plutôt l'intégration personnelle et l'assimilation des effets du rituel dans ma vie quotidienne. Bien sûr, la manière de procéder est plutôt amorphe et nécessairement différente pour chaque individu. Dans ma propre expérience, il y a eu des occasions où les séquences de bannissement formel ne semblaient pas, à ce moment-là, appropriées ; et également d'autres fois où les bannissements rituels formels n'ont pas été suffisants en eux-mêmes, pour parvenir à la fermeture.

En ce qui concerne la Magie de Cthulhu, la façon dont on aborde à la fois l'ouverture et la fermeture dépendra, dans une large mesure, de l'intention et des buts d'un événement magique particulier. Par exemple, un événement magique orchestré dans l'intention de promouvoir les contacts oniriques, à la fois individuels et en groupe, avec le Grand Cthulhu, est ouvert par une lecture de l'histoire de Lovecraft, l'*Appel de Cthulhu*, après quoi le groupe a silencieusement marché le long d'une plage, en écoutant le martèlement des vagues, méditant sur la puissance et l'immensité de l'océan, et sur les mystères qui se cachent en dessous. Après avoir atteint un promontoire rocheux, un membre du groupe conduit les autres à travers une séquence de visualisation guidée, suite à laquelle le groupe est revenu le long de la plage, ramassant des cailloux, tapotant dans l'eau, discutant des formations rocheuses frappantes. À aucun moment au cours de cet événement, des « bannissements » formels n'ont été effectués, parce que l'intention de l'événement était de faire en sorte que les membres du groupe puisse conserver « l'atmosphère » de l'océan, de promouvoir un sentiment de connexion avec Cthulhu et l'océan profond, et ainsi être en mesure d'évoquer des souvenirs propres à l'événement avant de dormir, afin d'essayer de stimuler les rêves de Cthulhu. Cet événement n'était guère plus que de raconter une histoire dans un environnement approprié, lequel peut être tout aussi « magique » (sinon plus) que des rituels formels.

Il y a quelques années de ça, j'étais présent à une cérémonie magique de Cthulhu (qui faisait elle-même partie d'une série de travaux) au cours de laquelle l'un des participants était convaincu qu'une entité extraterrestre était entrée dans l'espace du temple et errait « en liberté », pour ainsi dire. Cela condui-sit à une discussion plutôt animée sur les avantages et les inconvénients à propos de la manière de clore le rituel. Certains participants étaient d'avis qu'une sorte de bannissement formel *devrait* être effectué, sinon il y avait des risques que ladite entité se mani-feste et dérange les gens en dehors du rituel, tandis que d'autres (et j'avoue avoir fait partie de ce der-nier camp) étaient d'avis qu'il pourrait être intéres-sant que ladite entité *puisse* se manifester en dehors des heures rituelles convenues. Au bout du compte, quelqu'un ne penchant pour aucun des côtés a sou-ligné que l'argument lui-même avait probablement fait plus pour dissiper efficacement tout sentiment persistant d'atmosphère magique et qu'une fois que les lumières se sont allumées et que les accessoires rituels furent retirés, une tournée de boissons et un débat équilibré était peut-être tout ce qui était néces-saire.

Puisque nous travaillions dans un temple plus ou moins permanent, l'espace lui-même n'avait pas né-cessairement besoin d'une « fermeture », mais il a en outre été suggéré que ceux qui souhaitaient se fer-mer à toute ambiance rituelle persistante, pouvaient le faire de leur propre façon, et que si certains d'entre nous, qui voulaient maintenir cette possibilité que quelque chose d'étrange se manifeste, ils pouvaient également faire quelque chose pour maintenir cette connexion vitale, voire même l'améliorer.

Il y a beaucoup de légendes magiques—des histoires de chaos interpersonnel et d'étrangeté pure et simple—se terminant par la phrase : « Eh bien, il/elle/ils n'ont pas banni correctement, voyez-vous. » L'un des types d'histoire les plus courants, et qui revient beaucoup en ce qui concerne la magie Cthulhuoïde, est celui du praticien se comportant bizarrement ou apparemment « devenant fou » pour un temps, la cause populaire étant celle du fait que la ou les personnes en question expérimentaient avec le Mythe de Cthulhu, et/ou qu'elles n'avaient pas banni « correctement ». J'ai entendu cela, de la part d'autres personnes, à propos de différents individus, et même à l'occasion, par les intéressés eux-mêmes. Il est trop facile, à mon avis, de faire de jolis commentaires à propos de soit « ne pas bannir » ou si tout autre système magique peut conduire ou non à la « démence ».

En fin de compte, la pratique de la magie amène au changement (sinon, pourquoi en faire ?), et il faut admettre que le changement n'est pas toujours (en effet, à mon humble opinion, ce n'est généralement pas) comme il était supposé être, souvent représenté comme une élévation graduelle vers des états de conscience « supérieurs » et des degrés élevés de soi-sainteté. Même la douceur citronnée nouvel âge la plus parfumée peut vous prendre la tête, si vous en êtes enclin. Pour moi, le problème sous-jacent n'est pas que nous puissions périodiquement nous comporter comme des idiots, mais que nous en assumons la responsabilité après coup, plutôt que de blâmer le travail magique que nous faisions, que ce soit seul ou avec d'autres personnes. Essayer de faire autrement revient à dire « Dieu (insérer l'entité appropriée) me/ nous l'a fait faire ».

La Gnose Liminale

J'emploie ce terme pour regrouper les techniques magiques utilisées pour le rêve contrôlé, la divination, les explorations astrales (virtuelles) et autres. La Gnose Liminale peut être vaguement décrite comme un état de conscience passif où le magicien permet aux pensées, images, sons, visions, etc. de jaillir devant lui. Cet état peut être atteint, par exemple, en s'allongeant et en se relaxant après un effort physique.

Une partie de l'astuce ici, c'est de ne pas essayer de diriger les visions qui surgissent, mais de se détendre en elles et de laisser organiquement émerger un fil de cohésion. Alternativement, en visualisant l'image d'un lieu particulier, tel que Kadath dans le Désert Glacé ou le Monastère de Leng, cet état peut être employé pour déclencher des voyages oniriques ou astraux. Cet état s'étend également à la perception de sons étranges, de présences fugaces vues du coin de l'œil, etc. L'entrée dans la Gnose Liminale peut être délibérée (standardisée), même si le magicien se retrouve à tomber dans un tel état de conscience en raison de la combinaison cachée de perception et d'association. La clé de cet état est d'apprendre à reconnaître les différentes voies d'accès, puis de les utiliser de manière appropriée.

Dans la fiction du Mythe, Lovecraft souligne que l'utilisation des rêves, des surfaces de divination, etc., pour pénétrer dans le royaume des Anciens est une porte à double sens. Tout comme vous pouvez entrer par de telles portes, d'autres peuvent chercher à en sortir. Dans la magie du Mythe, cela est susceptible de se produire, en particulier si des miroirs sont utilisés comme portails, et il peut arriver qu'une image évoquée sur la surface d'un miroir paraisse en sortir et pénètre dans votre espace de travail. Des rapports de tels événements apparaissent dans les archives magiques de Dee et Crowley, par exemple.

MÉTHODES DE CONTRÔLE DES RÊVES

L'une des approches les plus simples du Contrôle des Rêves consiste à utiliser un sceau graphique ou mantrique avant de dormir. La lecture d'un Conte du Mythe de Cthulhu peut également être efficace, tout comme le peut une vive visualisation d'un endroit particulier du Mythe, tel que Kadath dans le Désert Glacé. Évidemment, la tenue d'un Journal de Rêves est essentielle pour ce genre de travail. L'usage d'associations liées aux parfum peut également produire des rêves évocateurs. Si vous pouvez lier une expérience particulière avec un parfum particulier (telle qu'une descente astrale éveillée à R'Lyeh), et qu'à son chevet ce parfum est évaporé dans un diffuseur d'huile, cela peut aussi déclencher un rêve contrôlé.

Les sceaux, les images et les objets magiques rencontrés dans les rêves peuvent également être utilisés, afin d'essayer et d'explorer davantage. Si vous avez une séquence de rêve particulièrement intéressante, essayez de l'utiliser comme un moyen conscient de *Pathworking*[6], employé au moment de s'endormir — vous pourriez constater que la séquence se poursuive pendant le rêve.

L'Ingénierie Émotionnelle

Des états de peur, de névrose et de paranoïa *borderline* peuvent survenir régulièrement dans le cours de travaux du Mythe de Cthulhu. Effectivement, je considérerais de telles réactions comme un signe de réussite à se saisir de cette région d'expérience magique. Cependant, ces états peuvent devenir incontrôlables. Lorsque dépouillés d'associations cognitives et de fantasmes projetés, la peur devient une gnose excitatrice, et la paranoïa, un état de perception exacerbée.

Je dirais qu'il est alors utile de se familiariser avec les processus qui permettent de d'expérimenter les

6   Méditation guidée que l'on suit en conscience afin de voyager dans des lieux spécifiques. On utilise, entre autres, cette technique pour voyager dans les différents sentiers « *paths* » de l'Arbre de Vie cabalistique. NDT.

émotions comme des sensations corporelles, tout en calmant l'élément cognitif lorsque cela est nécessaire. Les pratiques Ego-déconstructives données dans *Liber Null*, par exemple, sont utiles à cet égard.

L'une des méthodes les plus simples pour déconstruire les états émotionnels est la suivante :

a) Lorsque vous vous trouvez en proie à une puissante émotion, n'essayez pas de la réprimer, mais permettez-vous d'en être pleinement absorbé.

b) Soyez conscient des sensations ressenties dans votre corps à mesure que l'émotion s'intensifie.

c) Par un effort de volonté, calmez le dialogue interne qui a la tendance de parcourir les événements passés qui ont provoqué ces sentiments, de même que les événements futurs qui eux tendent à être projetés comme des fantaisies.

d) Soyez à l'écoute de la sensation corporelle et continuez à calmer toutes les pensées qui tendent à identifier cette sensation comme une émotion ou un sentiment particulier.

e) L'état de conscience qui en résulte peut alors être utilisé pour un travail magique, comme l'entrée dans la Gnose Liminale.

LE CHANGEMENT DE FORME
(SHAPE-SHIFTING)

Le changement de forme est un thème récurrent dans les histoires du Mythe. Cela prend généralement l'aspect d'une transition depuis une forme humaine à une forme quasi-humaine, telle que la transformation en l'Un des Profondeurs. Le *Shape-Shifting* peut s'avérer pratique dans les explorations astrales et dans le processus de « Devenir la Bête » que j'ai décrit plus tôt. Voir la section intitulée *Transfigurations* pour en savoir davantage sur ce thème.

De façon générale, la pratique du *Shape-Shifting* peut se faire soit comme une forme de méditation, soit en utilisant la transe excitatrice. Dans le premier cas, le magicien visualise à la fois le changement de silhouette de son corps et utilise la mémoire kinesthésique pour « ressentir » un changement de posture et de centre de gravité. Dans le second, la transe prend la forme d'une violente possession de la physionomie zoomorphe requise, et doit être précédée de techniques telles qu'une danse effrénée, une agitation extrême ou un rituel de groupe.

La Glossolalie

L'utilisation d'étranges mots de pouvoir, de noms barbares et de langues anormales est également un thème récurrent dans la fiction du Mythe. La prononciation rapide d'ensembles de voyelles/consonnes au hasard (glossolalie) peut être utilisée pour créer une chemin vers la gnose, laquelle peut culminer comme la possession par des masques « sans nom » qui parlent en rafales de mots. Si un tel exercice est précédé d'une intention particulière, alors vous développez vos propres mots de pouvoir pour une grande variété d'usages et d'applications.

Un exemple de cette technique dans la magie du Mythe est d'entrer en transe via n'importe quelle méthode préférée et de chercher à fusionner votre conscience avec une facette spécifique des Grands Anciens—pas tellement par l'identification avec un « nom » ou un autre, mais avec ce qui se trouve au-delà ce nom et, alors que vous vous glissez dans cette perception altérée, débutez la glossolalie et continuez jusqu'à ce qu'une explosion sonore évolue. Les mantras primaux peuvent être vibrés de diverses manières, du sifflement en staccato jusqu'au profond grondement venant de l'estomac. Expérimentez et trouvez vos propres mantras de pouvoir pour évoquer des sentiers dans la gnose des Anciens.

La Sorcellerie

Les techniques d'enchantement pour l'obtention de résultats directs n'ont généralement pas une importance significative dans la magie du Mythe, car les Grands Anciens ne s'intéressent que peu aux désirs et aux motivations humaines. Cependant, les techniques pour la création d'images fétiches, de totems et d'outils magiques sont parfois utiles, si vous souhaitez vous entourer des représentations physiques appartenant au processus alchimique d'identification avec les vides extérieurs. Ceci étant dit, j'utilise parfois R'Lyeh comme « point de transmission » pour envoyer au-delà des désirs sigilisés, comme une ondulation télépathique et, à une occasion, je suis devenu possédé par Tsathoggua lors d'une cérémonie de guérison. Ainsi, la magie du Mythe n'est pas entièrement dépourvue d'applications de sorcellerie, mais elle l'est généralement moins que d'autres paradigmes.

Les Fétiches Obsessionnels

La création et la collection de fétiches, d'œuvres et d'outils personnels, facilitent le processus d'intégration de la conscience du Mythe, et de nombreux magiciens ayant travaillé avec ces entités ont produit des images et des objets magiques transmettant des aspects de l'expérience qui ne se traduisent pas facilement en mots. Un fétiche du Mythe n'a cependant pas besoin d'être une représentation en argile de Cthulhu, par exemple, mais tout objet ou élément devenant associé à un état résonant de conscience. Il y a quelques années, je possédais un pendule en cristal qui était suspendu à un support de laboratoire en métal.

Au cours d'une phase de travail du Mythe, j'en était venu à identifier les oscillations du pendule avec le commencement d'une gnose liminale qui, pour moi, annonçait le sens de la « proximité » des Anciens. Cet état particulier était également annoncé par une crainte grandissante des fenêtres. Dans un tel état, les objets ou les sons du quotidien (comme le tic-tac d'une horloge) deviennent chargés d'une sorte de signification globale.

Dans cette classification viennent également les

états particuliers de perception oraculaire, aussi distincts de l'utilisation délibérée de techniques de divination. Encore une fois, c'est souvent le cas que d'être entraîné dans ces états—une collision avec le temps oraculaire qui peut être déclenchée par des événements dans l'environnement—des schémas entrevus comme une volée d'étourneaux entre des bâtiments ; le signification grandissante du mouvement du trafic ; le grincement lointain d'une grille de fer. Beaucoup dépend de l'état de conscience du magicien, et ceci sera exploré plus en détail dans la section intitulée *Désintégration Déterminée*.

La Frénésie

Bien que de nombreuses techniques magiques évoquées dans les œuvres de Lovecraft soient généralement celles du magicien solitaire, telles que la divination, le rêve, etc., Lovecraft a également fait mention de Rites Frénétiques rappelant ceux de la sorcellerie ou du vaudou, dans l'esprit de Lovecraft des orgies « dégénérées » par lesquelles les cultistes invoquaient les Anciens. Cela nous rappelle le pouvoir des formes physiques de la gnose : les tambours, le chant, la flagellation, la danse et l'abandon des tabous sexuels et de la retenue. De tels extrêmes sont courants dans l'histoire mythique, comme les Bacchanales ou l'archétype du sabbat des sorcières. De telles activités de culte célèbrent le pouvoir primordial des Anciens et peuvent être utilisées comme formes de communion, dans lesquelles les « murs » entre l'ordre et le chaos sont momentanément dissous et que tout sens de soi est nié dans les rythmes intemporels de la frénésie extatique.

La construction de telles « Zones Libres » est rare dans la magie occidentale, où l'abandon total est extrêmement difficile à réaliser, particulièrement lorsqu'en groupe où la spontanéité et l'abandon ont tendance à entrer en conflit avec l'enchaînement linéaire de la plupart des arrangements rituels. Il y a eu quelques expériences de travail ordonné de groupe résultant d'un flux chaotique, mais ce domaine nécessite plus de travail. Une combinaison de lumières stroboscopiques à basse fréquence, tourbillonnantes, d'effets spéciaux, de masques et de soudains changements du rythme au « flux du rituel » s'est avérée ici utile. Le sentiment d'imprévisibilité peut être augmenté si, dans un rituel de groupe, tous les célébrants ne savent pas à quoi s'attendre pendant la cérémonie. L'utilisation légale de la chimiognose, modifiant l'humeur, peut également être utile.

La Magie sexuelle

L'utilisation de techniques spécialisées de magie sexuelle à l'égard du Mythe peut être trouvée dans les œuvres de Kenneth Grant. L'une des formes les plus courantes de gnose sexuelle qui peut être appliquée dans la magie du Mythe est de faciliter les états seconds de conscience, provoqués par l'excitation sexuelle, lesquels peuvent être utilisés comme tremplin pour l'exploration des zones astrales ou oniriques. L'emploi de la gnose sexuelle pour charger des fétiches obsessionnels est également une application évidente, tout comme la rupture des tabous et des répulsions en explorant la gnose sexuelle en dehors de ses références immédiates. L'utilisation possible d'orgie de groupe est mentionnée plus haut, même s'il convient de noter que les tentatives délibérées d'orchestrer des rites orgiaques ne réussissent que rarement, car cela dépend des capacités propres aux personnes présentes à être capables de s'abandonner.

La combinaison d'une lente excitation sexuelle et de privation peut être utilisée pour permettre à un sujet d'atteindre un degré de Gnose Liminale lui permettant d'entrer dans les zones astrales, et de rapporter des informations aux autres célébrants. Il va sans dire que l'utilisation de telles techniques exige une bonne dose d'expérience et de confiance de la part de tous.

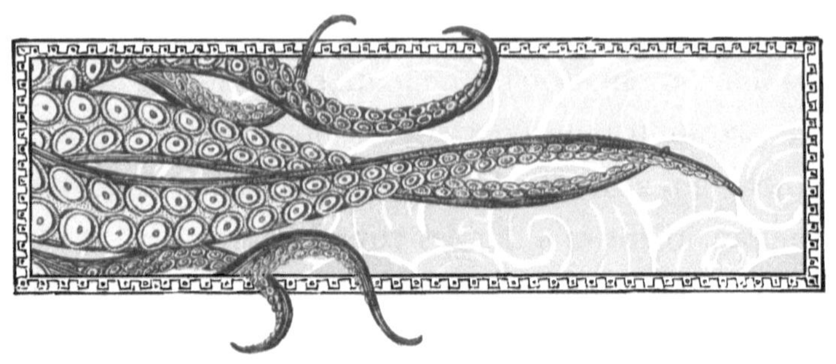

LES GRANDS ANCIENS

L E MYTHE de Cthulhu affiche un thème mythique récurrent : que les forces « tita-
nesques » de création et de destruction —les
Grands Anciens —furent chassées de la terre
et « oubliées » par l'humanité civilisée et son étroite
vision matérialiste. Cependant, même s'ils peuvent
être oubliés, ils demeurent en même temps omniprés-
sents, tapis aux frontières de l'ordre, dans des lieux
où la puissance sauvage de la nature peut être ressentie. Ils sont chaotiques, de la même manière que
la Nature est chaotique, et ils conservent leur pouvoir primordial puisqu'ils ne peuvent pas être « ex-
pliqués » (c'est-à-dire liés) ou anthropomorphisés. Ils

existent en dehors du temps linéaire et séquentiel, à la frontière du « sommeil de Newton ».

J'ai donné dans *Prime Chaos* quelques descriptions sommaires des principales entités du groupe connu collectivement sous le nom de Grands Anciens. Diviser les Anciens en entités distinctes peut être d'une certaine utilité lorsque l'on travaille avec eux, en particulier pour la formation de pratiques et de cultes distincts. Cependant, pour ce présent ouvrage, je vais considérer Azathoth, Yog-Sothoth et Nyarlathotep comme des paramètres séparés d'une seule entité limitrophe. En effet, le terme « entité » est en soi trompeur, à cet égard.

Collectivement, les Grands Anciens peuvent être mieux décrits comme une surface fractale qui est continuellement furieuse et en changement. Si vous examinez une forme fractale, vous discernerez des motifs clairs et des formes qui émergent de la surface. Le lien entre les Anciens, en tant qu'entités distinctes, et leur existence globale, est similaire à celle des modèles dans le paysage fractal. Leurs contours, leurs formes et leurs identités découlent de notre interaction avec eux en n'importe quel temps. Nous pourrions bien nommer cette surface fractale « Chaos de la Nature », parce qu'elle demeure toujours cachée aux frontières de notre expérience artificielle et linéaire du monde, et les Anciens, comme nous le savons, ont un lien direct dans le Mythe avec les tempêtes, les tremblements de terre et les autres phénomènes naturels.

La présence des Anciens peut être perçue dans les lieux sauvages où le chaos de la nature est plus apparent que les lois de la société. Cela a été bien apprécié, par exemple, des Grecs de l'Antiquité qui ont désigné de tels lieux et frontières comme étant sacrés pour les dieux sauvages qui pourraient bien infliger la terreur ou la transfiguration à ceux qui s'y égareraient. De façon similaire, la présence des Anciens peut être ressentie intérieurement, alors que l'on entre dans des états de conscience appropriés, pour pénétrer dans leur domaine. De telles formes de folie volontaire seront traitées sous peu. Le lecteur remarquera que cette section ne couvre que quelques-uns des aspects des Grands Anciens—il y en a évidemment d'autres, mais ceux-ci attendent d'être découverts et compris par l'expérience personnelle.

YOG-SOTHOTH

Il est mieux d'approcher Yog-Sothoth à l'aide d'un passage significatif tiré de *L'Horreur de Dunwich* qui le décrit ainsi :

Yog-Sothoth connaît la porte. Yog-Sothoth est la porte. Yog-Sothoth est la clé et le gardien de la porte. Le passé, le présent et le futur ne font qu'un en Yog-Sothoth. Il sait où les Anciens se sont frayés passage au temps jadis ; il sait où Ils se fraieront passage dans le temps à venir.

Nous savons, d'après les histoires du Mythe, que les Anciens sont en étroite relation avec les lieux sauvages aux manifestations étranges et, particulièrement avec les cercles de pierres.

Dans un essai antérieur traitant de Yog-Sothoth, j'ai tenté, entre autres choses, d'explorer la compréhension de cette entité en termes de recherche de Mystères Terrestres sur les phénomènes de forme lumineuse—l'hypothèse des Lumières Terrestres de Paul Devereaux et d'autres. En recherchant des récits sur d'étranges rencontres, allant de fantômes aux ovnis, en passant par les formes lumineuses, j'ai découvert que non seulement la perception de sons étranges étaient un facteur commun, mais il en était aussi de la distorsion du temps, des fortes odeurs et des visions étranges. Des changements perceptuels particuliers semblent se produire à travers un large éventail de phénomènes de « rencontre ». Au cours de cette recherche, j'ai conceptualisé Yog-Sothoth comme une sorte d'entité « guide » permettant d'entrer dans des états de conscience appropriés pour travailler avec les Anciens.

Cependant, de plus récents contacts ont modifié ce point de vue. À partir d'une série de travaux (et j'utilise ce terme assez vaguement) menés avec Fra. Abbadon (63, par Gématrie), anciennement de l'Ordre Ésotérique de Dagon, j'en suis venu à moins interpréter Yog-Sothoth en termes d'entité distincte répondant aux commandes du magicien, mais plutôt comme la « limite extérieure » d'une expérience dans laquelle le magicien glisse progressivement.

Ainsi, Yog-Sothoth peut être décrit comme le bord extérieur (ou la base mathématique, si vous voulez) de la surface fractale représentant les Grands Anciens dans leur ensemble. Une fois de plus, cela peut être compris dans le processus de la « Bête » mentionné précédemment. « Craindre la Bête » est la réponse des sens du magicien à la perception des limites—l'Ego avant le travail déconstructif de l'antinomisme. Cependant, cette crainte n'est pas exactement une défense contre les Espaces Extérieurs. Si elle est purgée de ses entraves et vécue comme une pure sensation corporelle, sans aucune identification, la peur devient simplement une gnose excitatrice qui, si on y plonge (comme représenté dans l'image du Pendu), devient un état de conscience second utile pour explorer plus en profondeur. Cela survient sous la forme de « Ressentir la Bête »—principalement à travers un genre de gnose sensuelle impliquant les zones les plus primitives du cerveau, entraînant d'étranges manifestations kinesthésiques, de sons « astraux » et un sentiment de proximité avec quelque chose de vaste, toutefois sombre.

« Ressentir la bête » est un processus de reconnaissance—une reconnaissance à la fois de la gnose corporelle et des images mentales d'ordre supérieur, qui indiquent l'immersion dans le « domaine » des Anciens. L'étape finale, celle de « Nourrir la Bête » est un processus délibéré connu sous le nom de « Banquet de Yog-Sothoth », dans lequel le magicien est « dévoré » par l'expérience et atteint, ainsi, la pleine conscience des Anciens.

Ce procédé est analogue aux mystères de Babalon

dans la Magie Thélémite, aux Banquets de Kali dans le vama marg Tantra, et au rôle de Choronzon dans l'élucidation du Courant Typhonien de Kenneth Grant. Au cours de ce processus, le voile de la peur contre lequel l'humanité se protège de « l'altérité » est perdu, et la résultante est l'Amour de Soi et l'épanouissement de ce que Spare a nommé la « supersensualité ».

Donc, pour résumer, Yog-Sothoth est la limite extérieure de l'expérience des Grands Anciens. Lorsque le magicien réussit à se fusionner avec ce pourtour, il devient alors lui-même un portail.

AZATHOTH

Azathoth est vaguement décrit en termes de « dieu aveugle et idiot » ou de « chaos nucléaire monstrueux, le Seigneur de toutes choses ». Cela donne lieu à l'image de quelque chose qui, continuellement et inconsciemment, donne lieu à des fluctuations et à des formes chaotiques. Au cours d'un travail destiné à m'interfacer avec lui par voie de possession (La Messe du Chaos « A » — voir *Liber Kaos*), je l'ai entendu se décrire comme ayant une « pelure » extérieure étant d'une masse bouillonnante d' « âmes démentes ». Il a également été affirmé qu'Azathoth projette et rassemble en lui toutes sortes de formes-pensées obsessionnelles. Cela pourrait probablement suggérer qu'Azathoth exécute une sorte de fonction Logoïque, reproduisant et réarrangeant les formes et les structures à l'infini. Par analogie, en termes de surface fractale, Azathoth est ce qui agite la surface, produisant les formes et les motifs. Dans un autre sens, il peut être perçu comme le vide tourbillonnant qui apparaît alors que l'*ego-persona* dominante est progressivement déconstruite. L'image d'Azathoth rappelle le danger de l'identification avec une *persona* particulière au détriment d'une autre—une obsession qui pourrait rapidement se changer en mégalomanie. Cela rappelle également l'image de Crowley des « Black Brothers » dans l'ouvrage *The Vision and the Voice*.

Le problème de la manie, résultant du travail magique à n'importe quel stade de l'initiation, est bien documenté, et le sort réservé à ceux qui ne tiennent pas compte des avertissements concernant ce danger très réel est généralement une descente vers la désintégration, alors que le magicien s'efforce de maintenir une ego-image qui est largement en désaccord avec les faits de son existence.

Azathoth peut aussi être compris comme « l'œil » du Chaos. Les passionnés de Gématrie trouveront ce symbolisme rempli d'images à explorer. Sa « cécité » rappelle à la fois la symbolique que l'on retrouve dans *Liber AL* (c1, v60) de même que la technique du retournement des sens vers l'intérieur (rétroversion des sens). En Azathoth, se trouve une épreuve initiatique pour ne pas se lier à une chose ou à une autre, car sinon nous subissons le sort des « âmes démentes » qui forment sa peau. Encore une fois, Azathoth devient une expérience particulière dans laquelle se lance le magicien, plutôt qu'une entité distincte comme le terme est couramment employé.

NYARLATHOTEP

Dans le Mythe de Cthulhu, Nyarlathotep se distingue par son apparente intelligence et son intérêt pour les affaires humaines. Cette entité a été diversement identifiée comme « l'homme noir » de l'archétype sabbat des sorcières, comme une forme de Choronzon-Shugal « le gardien hurlant », et elle porte également plus qu'une ressemblance passagère avec la description d'Aiwass par Crowley. Dans le Mythe, Nyarlathotep est à la fois décrit comme « le chaos rampant » et « le messager et l'âme » des Grands Anciens. Dans les contes du Mythe, Nyarlathotep a tendance à jouer trois rôles : celui d'un Initiateur aux Sombres mystères du Golfe Extérieur ; un genre de Némésis agent de destruction, et celui d'une source de confusion malveillante pour les imprudents.

Mon approche initiale vers Nyarlathotep était, comme pour les autres Grands Anciens, fondée dans la pratique magique traditionnelle. De tous les Grands Anciens, Nyarlathotep semble apparaître comme une forme d'invocation appropriée, particulièrement à l'aide de rites de possession. Cependant, les expériences dans ce type de travail n'ont plutôt servi qu'à confirmer l'habileté de Nyarlathotep à induire en erreur et à dérouter, et l'entité s'est avérée être aussi rusée et tordue qu'un démon Goétique. Retournant une fois de plus vers la fiction de Lovecraft, en guise de source, j'ai trouvé plus approprié de rechercher le contact avec Nyarlathotep à travers le rêve—où il préside le sabbat astral, ou comme gardien de diverses portes du rêve, tel que le Monastère de Leng.

Un travail prolongé avec cet aspect des Anciens a manifesté deux perspectives particulières sur

Nyarlathotep. Une grande partie dépend de la façon dont il est perçu (comme le dirait un kabbaliste, d'en bas ou d'au-dessus des Abysses). Premièrement, Nyarlathotep est clairement lié à la Gnose (la connaissance) des Grands Anciens. Cette gnose peut être atteinte par le rêve ou le delirium, ou même surgir spontanément chez ceux qui semblent manifester une résonance naturelle avec ce genre de travail. Le thème d'un « initiateur » est au cœur de la plupart des formes de magie contemporaine et de tels initiateurs sont souvent connus pour être capricieux et trompeurs. Nyarlathotep est clairement un « portail », un moyen de pénétrer dans la gnose des Grands Anciens. Qu'il semble malveillant et trompeur n'est pas surprenant, étant donné l'« aveuglement » des processus de pensée humains. Sa présence chaotique menace la sécurité soigneusement gardée du rigide ego, et son insistance sur la dualité (l'ou bien/ou bien Aristotélicien) et la conscience linéaire. Son apparence sous formes boursouflées et « monstrueuses » rappelle la tendance de l'esprit à engendrer des obsessions, puis à leur abandonner le contrôle. En ce sens, Nyarlathotep englobe cette étape du processus initiatique par laquelle le magicien (souvent douloureusement) prend conscience des limites et des blo-

cages qu'il s'est lui-même érigés—les limites de sa
« Réalité Réalisable ».

Le deuxième aspect de Nyarlathotep est celui de
l'Adepte accompli ; le magicien qui est devenu lui-
même un portail vers les Anciens. Dans *Liber Kaos*,
Pete Carroll décrit la Gnose Octarine (d'après le
concept de Terry Pratchett d' « Octarine » comme la
« huitième couleur de la magie ») en ce qui a trait au
développement du « moi-magicien », dont les caractéristiques sont :

> …antinomisme et ruse, avec une prédilection
> pour la sournoiserie et le bizarre…. Le moi-ma-
> gicien s'intéresse donc à tout ce qui n'existe pas
> ou ne devrait pas exister, selon la réalité consen-
> suelle ordinaire. Pour le moi-magicien, rien
> n'est anormal.

Le moi-magicien est une invocation d'une altérité
future—en ce sens, le magicien devient un avatar de
Nyarlathotep par une pratique et un développement
continus ; la procédure pour déconstruire (retirer)
toutes les barrières et les frontières. Il est important
de noter, cependant, que la simple identification avec
n'importe quelle image mentale de Nyarlathotep
n'est pas suffisante pour atteindre cet état, pas plus

que de devenir obsédé par l'image d'Aleister Crowley vous permettra de devenir la Bête 666. Crowley lui-même discute de la technique appropriée en termes du magicien se réduisant à un vide—permettant au « génie » de jouer à travers lui comme il lui plaît.

GRAND CTHULHU

Dans les histoires du Mythe, en particulier *L'Appel de Cthulhu* et *L'Horreur de Dunwich*, Cthulhu se distingue des Grands Anciens comme leur « Grand-Prêtre » et « leur cousin, mais il ne les discerne qu'imparfaitement ».

Il repose dans la ville engloutie de R'Lyeh « dans le rêve de la mort » jusqu'à ce que « les étoiles soient propices » pour que les Anciens réclament le monde.

Il est significatif que les agitations de Cthulhu envoient des ondulations télépathiques dans le monde entier, provoquant des vagues de perturbations—visions, cauchemars, dépression mentale—et amenant les artistes à produire des images étranges alors qu'ils sont dans un état apparent de sommeil. Cthulhu est représenté comme une forme zoomorphe, une vaste masse possédant de grandes ailes et une tête octopoïde.

L'obtention de révélations par l'entremise du rêve est un thème grandement récurrent dans tout le Mythe de Cthulhu, et il est bien connu que Lovecraft ait tiré une grande partie de son inspiration de ses rêves. Cthulhu est généralement interprété comme étant « le Seigneur des Rêves » et qu'il est enseveli sous la ville de R'Lyeh dans les profondeurs de l'océan. Il est analogue aux perceptions et aux désirs chaotiques qui ont été emprisonnés (ou devenus latents) dans le subconscient. Ailleurs, il a été dit que « nous sommes les rêves et nous les réveillerons [les Anciens] ». Dans ces termes, Cthulhu/R'Lyeh représentent un lien « enfoui » dans la mémoire humaine vers la gnose des Grands Anciens.

Là encore, l'image de Cthulhu/R'Lyeh porte toutes les caractéristiques d'un état initiatique. Ce portail particulier se trouve sous le profond océan, un territoire sauvage également sous l'égide de Pan. Cthulhu/R'Lyeh transmettent des courants à l'humanité et ceux qui ont « entendu l'appel » sont inexorablement entraînés vers les profondeurs—la révélation et l'appel à l'initiation éloignent le prétendu magicien de la réalité consensuelle. L'océan profond est souvent représenté comme le chaos ou le monde souterrain (Amenta). Cette analogie est davantage renforcée si le « naufrage » de R'Lyeh est lu comme une variation du mythe de la « Chute ». L'image de Cthulhu rappelle de nombreuses formes de dieux antiques qui ont, depuis, été diabolisées—Seth, Méduse, Typhon, Hanuman, etc. Les entités zoomorphiques telles que celles-ci rappellent le sens de la « participation mystique » qui a été perdu avec le développement progressif de l'ego individuel. Cthulhu peut donc être vu comme un autre point d'accès à la conscience-bête, via la formule présentée par Austin Osman Spare sous le nom de la Résurgence Atavique.

Dans le prolongement de ce qui précède, R'Lyeh peut être considéré comme une extrusion de Cthulhu, de la même manière qu'une araignée rejette le fil d'une toile. R'Lyeh prend également part à une étrange géométrie qui, lorsqu'elle est explorée astralement, se déplace et se déforme constamment de sorte que les tunnels et les chemins s'effondrent et se chevauchent. Cette description sera sûrement familière à quiconque ayant travaillé les Tunnels de Set—et R'Lyeh, elle-même, peut être considérée comme une forme de cette expérience. Une image récurrente au fait d'emprunter les voies de R'Lyeh est qu'elles relient « à la fois la terre sombre et les étoiles. »

SHUB-NIGGURATH

Shub-Niggurath, la chèvre noire des bois aux mille chevreaux, n'est jamais directement rencontrée, bien qu'elle soit évoquée dans des fragments de sorts et d'invocations. Par conséquent, cette forme particulière des Anciens n'a reçu que peu d'attention, bien qu'il ait été mention que Shub-Niggurath représente une forme primitive de Pan. Il se peut que Shub-Niggurath soit une encapsulation de la terreur des lieux sauvages, tels que les forêts ou les montagnes. L'incarnation de la fécondité et de la croissance enchevêtrée, Shub-Niggurath pourrait être traité comme un *genius loci* gonflé de n'importe quel endroit sauvage ; un tératome émergeant des perceptions et des images fugaces qui surgissent lorsqu'on passe une nuit en solitaire dans un endroit sauvage.

Évidemment, de tels « esprits » auront des formes et des noms différents, et c'est la tâche du magicien de les rechercher et, si possible, d'entrer en relation avec eux.

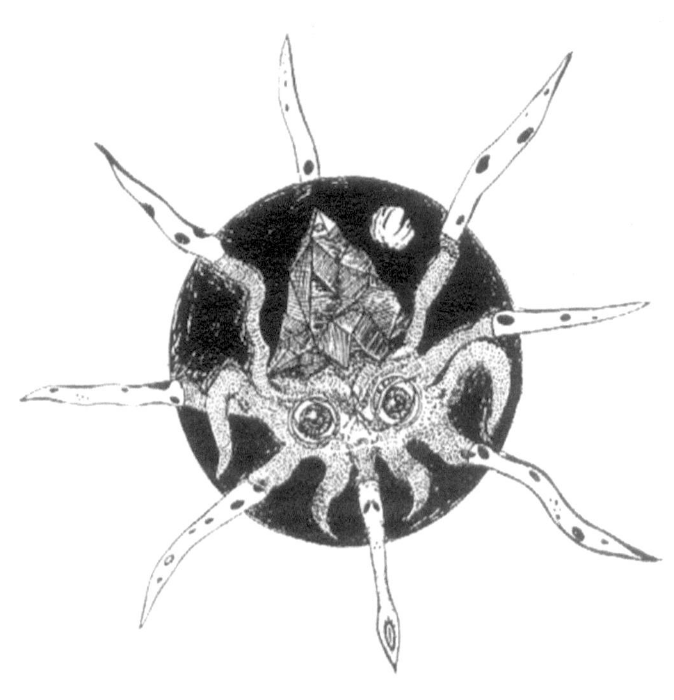

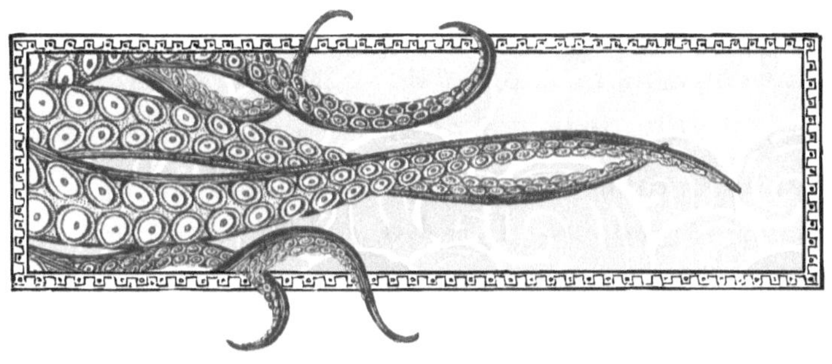

TRANSFIGURATIONS

U N THÈME récurrent, que l'on retrouve tout au long du cycle d'histoires du Mythe de Cthulhu, est celui de la transformation de l'humanité en une forme zoomorphe ; par exemple, Ceux des Profondeurs aquatiques (*Le Cauchemar d'Innsmouth*) et la transition depuis l'humain à la Goule nécrophage (*Le Modèle de Pickman ; La Quête Onirique de Kadath l'Inconnue*).

De telles transfigurations sont liées à une sombre descendance ou à une affinité qui entraîne le sujet loin de la société humaine dans les mondes crépusculaires des monstres qui se cachent aux confins de la rationalité. Il y a cette possibilité que ce processus est une conséquence directe de l'entrée dans le domaine des Grands Anciens. Une fois encore, cette transfiguration évoque un processus initiatique qui apparaît dans les mythes de la transformation d'homme-bête à travers le monde. Un thème sous-jacent est celui du processus de la transgression, lequel peut être vu dans des exemples tels que le mythe grec de Lykanon et dans l'exil de Gwydion et Gilvaethwy du Mythe Celte.

Dans la magie des Anciens, le thème de la transfiguration est très lié à l'initiation des espaces extérieurs. Dans « Devenir la Bête », le magicien déconstruit les limites de son propre ego et prend du recul par rapport à son conditionnement culturel ; en même temps, en reconnaissant les désirs et les complexes ataviques qui sont devenus caractérisés comme « maléfiques » ou « bestial » par la société.

Du point de vue du travail pratique en magie, la transformation zoomorphique peut être mise en œuvre à plusieurs niveaux. Premièrement, nous pouvons considérer le *shape-shifting* comme une technique distincte pour l'exploration des espaces astraux ou pour s'induire par la transe dans l'expérience sensorielle et kinesthésique. Le *shape-shifting* en formes monstrueuses peut être utilisé pour explorer, par exemple, les géométries bizarres de R'Lyeh ou d'autres contrés du rêve.

Deuxièmement, il existe la possibilité d'un rituel initiatique. Des rites tels que le « Banquet des Démons » tibétain sont des simulations rituelles de démembrement psychique où le célébrant lui-même s'offre afin d'être déchiré en morceaux par ses propres complexes démoniaques, de façon à naître de nouveau. De telles expériences sont courantes tout au long de la pratique magique et chamanique, et peuvent souvent se produire spontanément lors d'un point critique initiatique. Les rituels impliquant une étroite proximité avec des cadavres sont courants dans le Tantra tibétain et le vama marg, et des éléments de cannibalisme rituel (si répugnants à l'esprit moderne) peuvent être trouvés dans la plupart des cultures anciennes, à un moment ou à un autre.

Le Festin de la Goule

Le Festin de la Goule est une variante de ce qui précède. Il peut être joué sous plusieurs angles, mais le format de base est celui de passer une nuit seul dans la nature et d'offrir son corps en sacrifice aux

Goules. Couvrir des parties de son corps avec des entrailles d'animaux peut être répugnant, mais renforce le sens du sacrifice. Aucun des confinements magiques habituels, comme un cercle, n'est nécessaire, car l'attitude en est une d'une totale impuissance devant les goules.

Le rite peut se dérouler partiellement au niveau du plan astral, le célébrant s'offrant lui-même en sacrifice afin d'être consommé par les goules ou, encore, le rôle des goules peut aussi être entrepris par d'autres célébrants. Cette consommation ne se produit pas seulement au niveau du corps physique visualisé, mais aussi au niveau du complexe égoïque. D'où l'avantage d'avoir d'autres participants qui peuvent complètement démembrer le sentiment d'importance du célébrant et qui méritent d'utiliser des tactiques telles que la moquerie. Le rite arrive à culminer avec la transformation du statut du célébrant d'humain à celui de la compagnie des goules.

Ce « passage » peut être ponctué par le célébrant alors qu'il se roule (ou se fait rouler) dans la boue ou les excréments, partageant ainsi le festin des entrailles (en particulier le cerveau) ou en s'engageant dans une copulation avec un autre célébrant qui aura l'apparence d'un cadavre (des nuances nécrophiliques étaient souvent présentes dans les formes asiatiques de ce rite). L'effet du festin pourra être intensifié par l'utilisation judicieuse de la chimiognose.

L'idée sous-jacente derrière un tel rituel est d'abandonner le contrôle aux autres, et de faire face à ses propres tabous et désirs d'une manière qui signifie qu'ils ne peuvent pas être esquivés ou éludés. De toute évidence, la clé de tels mécanismes ne réside pas tant dans le où et le comment le mettre en œuvre, mais dans le quand.

CONNAÎTRE LA PEUR

Une clé pour comprendre ce type d'expérience initiatique est qu'elles apportent avec elles divers degrés de Peur. Dans les récits d'Initiations, ceci est assez explicite, surtout lorsque les individus ne savent pas ce qui se passe. Cela est particulièrement vrai lorsque tout ce dans quoi nous avons investi une grande dose d'engagement personnel et d'estime de soi devient directement menacé ou soudainement retiré — allant de schémas émotionnels aux aspects majeurs de la vie tels que la carrière, le partenaire de vie ou l'image dominante de soi. Tout particulièrement si les circonstances sont telles que nous ne pouvons pas faire grand chose sur ce qui se passe. Et l'idée de telles initiations semble exiger que notre répertoire actuel de stratégies d'adaptation soit rendu inutile. Si rien ne semble fonctionner, il vaut peut-être mieux ne rien faire. Mais je n'entends pas par cela de tomber dans l'inertie, mais d'évaluer la situation et en faire une opportunité de changement et d'adaptation.

La peur s'apparente à une gnose corporelle—elle a tendance à renforcer les schémas mentaux/émotionnels qui servent à tenir le changement à distance. Elle a tendance à être canalisée à travers une variété de mécanismes de défense qui, bien qu'ils ne soient pas en eux-mêmes dysfonctionnels, peuvent être inappropriés. La peur est fondamentalement un état excitateur—le réflexe de combat/fuite du système nerveux autonome qui se met en marche. En déconstruisant la Peur, nous pouvons là reconfigurer (le cas échéant) en une excitation agréable, qui peut être employée pour alimenter le mouvement au-delà d'un seuil, plutôt que de renforcer des schémas qui la maintiennent à distance.

La détente dans la Peur

Une fois encore, ceci est un concept très ancien. Il existe une idée tantrique selon laquelle vous pouvez vous réorienter face à la vie afin d'être suffisamment ouvert aux possibilités offertes par chaque moment vécu, en expérimentant le monde à partir d'un état d'« émerveillement réceptif ». En lien avec ceci est l'idée de « Rencontrer le Gourou ». Pas nécessairement comme rencontrer un vieux mystique ridé à un arrêt de bus, mais plutôt savoir que tout événement de la vie peut être le « gourou » enseignant, celui qui peut vous faire basculer dans la Gnose et l'Illumination. Il y a une idée similaire encapsulée dans l'image classique du grand dieu Pan.

Une ancienne représentation de Pan le montre (avec l'intention de violer) se jetant sur un jeune chevrier. Cette image rappelle la relation qui existe entre la peur et le désir, la répulsion et l'érotisme. Polioketika d'Énée Tacite contient plusieurs récits des effets de la terreur panique en tant qu'état soudain et imprévisible. Philippe Borgeaud, dans son livre *Le Culte de Pan dans l'Ancienne Grèce* (Chicago Press, 1988), fait remarquer que Pan « attaque typiquement un modèle représentant l'ordre et le perturbe ».

L'un des thèmes sous-jacents du mythe classique de Pan est la possibilité d'un dérangement créatif, soit de passer d'un état à un autre. Que cet état soit un état de folie ou d'inspiration divine, cela dépend de quel côté du seuil vous le regardez. La menace de Pan est omniprésente, et il peut vous bondir dessus à tout moment, n'importe où —comme le dit William Burroughs, *la prise de conscience soudaine que tout est vivant et significatif* (Dead City Radio).

La détente dans la Peur permet l'auto-modification. Ici, la Peur n'est pas une faiblesse, mais une force. Vous permettre d'être vulnérable aux forces du Changement, en particulier la possibilité de surprises. Souvent, le début d'une expérience à un carrefour nous plonge dans l'entropie mentale —la confusion mentale que Pan apporte, qui nous renvoie à la sensation corporelle. C'est un bon moment pour calmer l'esprit et s'occuper des sensations —se délivrer des liens du passé et calmer le chaos mental des « et si » et des « mais » —et mettre un terme aux projections fantastiques et sombrer dans la sensation corporelle. Transformez la peur en émerveillement et préparez-vous à de nouvelles possibilités.

Transformez la peur en un carburant et examinez les schémas qui ont maintenu vos seuils. Cela peut devenir un processus extatique—le sens originel de l'extase est « loin de l'immobilité », ce qui indique une certaine agitation. Encore une fois, une clé de ce processus se trouve dans la capacité d'être « relâché » et détendu. Se tenir rigide empêche la possibilité d'entrer dans de nouvelles expériences.

Je pourrais cesser cet essai et me lever, aller dans la pièce voisine et mettre en place un rituel « d'initiation » basé sur une séquence mythique, mais les mythes ne sont que des panneaux indicateurs—la mise en scène d'événements mythiques n'est pas nécessairement la même chose que subir un procès en guise d'expérience Authentique. Les Initiations Mythiques peuvent cependant fournir un cadre conceptuel pour aborder l'Expérience—une prise de conscience de la dynamique de ce processus—mais elles ne sont pas la même chose que de vivre ce processus. Ainsi, un acte rituel de démembrement qui est Voulu peut ne pas être aussi puissant qu'un démembrement vécu comme une Crise. Une fois de plus, reconnaître que l'on entre dans un point de crise important est peut-être plus utile que d'essayer de le forcer à se produire.

Si vous reconnaissez que vous êtes en train d'emprunter un carrefour, alors un travail magique peut

être effectué pour maximiser le potentiel de changement de ce carrefour. Par conséquent, le succès des
initiations telles que le Banquet des Goules dépend
surtout de l'état intérieur du célébrant. Comme indiqué ci-dessus, le mélange de la peur et du désir,
lorsque mêlés ensemble, peut produire de puissantes
réactions intrapsychiques. Tout travail qui intensifie
de telles réactions via l'exposition à des domaines
d'expérience tabous peut avoir des conséquences
extrêmement puissantes, dont l'une des plus importantes est une rupture consciente d'anciennes
croyances et d'attitudes antérieures.

L'image de la Goule nocturne, dévoreuse de
cadavres et d'entrailles, peut être vue comme l'encapsulation du magicien qui ne rejette plus aucune
partie de son expérience ; qui cherche la gnose sous
toutes ses formes tout en n'étant plus « rattaché » à
rien. Comme le dit Pete Carroll dans *Liber Null* : « *Les
esprits les plus puissants s'accrochent au moins de principes
fixes.* »

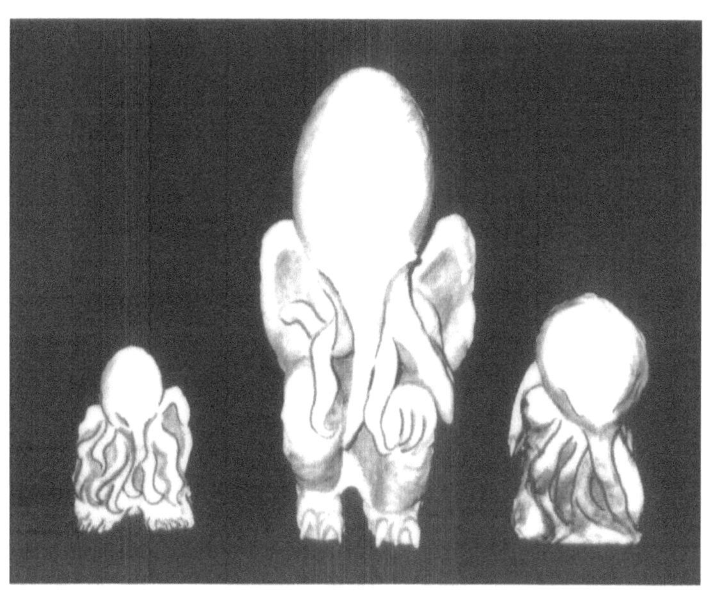

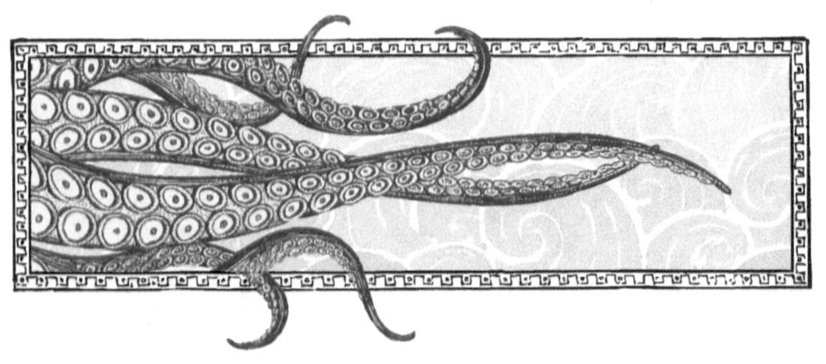

Désintégration Déterminée

Un thème en évolution dans ce livre est qu'un travail prolongé avec les Grands Anciens imprègne le magicien d'états de conscience particuliers dans lesquels on glisse progressivement dans le cadre du processus de communion. J'ai décrit de tels états comme des formes d'incursions délibérées dans la manie *border-line*. Je vais explorer ce processus plus en détail dans cette section.

La perte de raison à la suite d'avoir été attiré dans le royaume des Anciens est un thème récurrent dans les histoires du Mythe de Cthulhu. Le narrateur craint souvent pour sa santé mentale alors qu'il accepte, à contrecœur, des « vérités » choquantes qui lui sont révélées à mesure que l'histoire atteint son apogée. Lovecraft rappelle continuellement au lecteur que la gnose des Grands Anciens est un voyage à sens unique. Une fois que vous y avez pénétré, il n'y a pas de retour, du moins pas sous une forme reconnaissable. Ici encore, cela rappelle le processus initiatique qui, une fois amorcé, développe un mouvement qui lui est propre. Parfois, le magicien peut se retrouver aux prises avec la peur ; un refus d'accepter un changement inévitable et les conséquences de sa fuite au bord de la réalité consensuelle. Aussi commun est-il le problème de la manie résultant de la gnose.

Il faut reconnaître que l'initiation est un processus. Chaque magicien peut en venir à reconnaître son propre cycle de pics, de creux et de plateaux. Avec le temps, on peut aussi apprendre à reconnaître l'aura des commencements—les signes indiquant que l'on bascule dans une nouvelle conscience. Le travail magique fait des choses étranges au niveau du complexe neurochimique. Des sensations corporelles étranges, des perceptions et des concepts d'identité déformés font tous partie du cours, et peuvent être interprétés comme des attaques psychiques ou comme le mouvement d'énergies subtiles dans les chakras et ainsi de suite. Avec le temps, on apprend à identifier les sentiments qui empêchent les changements de conscience, en développant une conscience oraculaire finement réglée sur ce qui est sur le point d'éclater vers l'intérieur.

Au cours du travail avec les entités appartenant au Mythe, des perceptions étranges et des idéations se déplacent à travers les fissures de la perception linéaire ; des bulles qui, d'abord ne sont que peu inquiétantes, mais qui peuvent soudainement se profiler de manière menaçante et avec une ferveur obsessionnelle. D'étranges soupçons commencent à s'accumuler.

Des objets de tous les jours tels que des meubles, des pots de verre sur une étagère, des horloges ou des plantes d'intérieur s'imprègnent d'un pouvoir et d'une fonction qui leur sont propres. Vous êtes-vous déjà demandé ce que faisaient vos mains lorsque vous ne les regardez pas ? Des formes à moitié vues scintillent du coins de vos yeux.

La clé de la survie lorsque de tels états vous envahissent est d'être pleinement là, tout en les répertoriant nonchalamment. Soyez comme le « héros » dans le remake de Cronenberg de *La Mouche*, cataloguant de manière désintéressée la désintégration de votre être. Vous pouvez vous retrouver entraîné dans des comportements rituels personnels qui n'ont rien à voir avec les théories ou les pratiques magiques. Le besoin de toucher un endroit particulier avant de pouvoir s'endormir est une manifestation inconsciente de l'anxiété. L'anxiété peut être comprise comme la peur de perdre le contrôle. Renoncez au besoin de garder le contrôle et sentez le tremblement dans vos mains.

Les bons vieux favoris pour l'alchimie neuro-chimique s'y suggèrent: jeûne, modifications radicales de l'alimentation, insomnie, solitude. La conscience linéaire s'effondre et tout ce qui reste est à moitié perçu et vague. Les prétentions à la mégalomanie et à l'auto-identification comme une chose ou une autre sont aussi illusoires que la façade soigneusement construite de la réalité consensuelle. La folie et la raison deviennent des fictions hors de propos; voies d'évacuation qui n'ont pas de permanence.

Je me rends compte que cela pourrait ne pas faire la meilleure des impressions. J'essaie de revenir sur les années de ma propre démence et d'en extraire des éclats de sens. Cependant, une fois que vous y êtes allé, vous pouvez vous en souvenir, et en adoptant les pensées et les comportements—presque un processus de coupures de l'histoire personnelle, l'expérience de la paranoïa *borderline* ou de la désintégration peut être rejouée. Cela peut commencer comme une forme de jeu d'acteur, mais faites-le bien, et vous invoquerez vos vieux démons et crétins, comme des marionnettes, à leurs envies. Je me souviens avoir expliqué à une salle remplie de personnes mon horreur — très colorée par l'horreur même de ne pas pouvoir communiquer cette sensation — de la lumière du soleil brillant à travers un carreau. L'explication déconnectée était ponctuée de contractions faciales, de gestes saccadés des mains et de mouvements brusques de bascule. Alors que j'étais sous l'emprise des démons invoqués de mon passé, je pouvais percevoir la réalité des Anciens directement et communiquer cette perception aux autres, bien que sans succès.

Une fois que l'éclatante personnalité se brise, de nombreux autres peuvent surgir pour combler le vide. Avec le temps, cependant, tous les masques deviennent de valeur égale. Toutes les autres identifications, allant du Soi Supérieur au Génie Noir, deviennent tout au plus des formulations temporaires, dont aucune n'a rien d'autre qu'une distinction similaire. Sous la Nuit de Pan, il n'y a que ténèbres. Cela peut s'arrêter un temps, mais cela ne finit jamais. Il est souvent souligné par les occultistes, à propos de Lovecraft, qu'il s'est retiré du bord de l'abîme, et il se pourrait bien. Mais il viendra un temps où se retirer n'est pas une option, tout comme de chercher refuge dans une auto-identification stable ou une autre, qui ne devient plus viable. La peur de la folie ne demeure tangible que lorsqu'on a une image cohérente de la folie. Laissez tomber le concept de la folie et ouvrez-vous à la sensation et vous pourriez vous retrouver à quelque part bien différent.

De tels états sont parfois désignés sous le nom de maladie initiatique. On a beaucoup parlé de la similitude entre l'initiation chamanique et le complexe de comportements connu sous le nom de schizophrénie. Lisez suffisamment de R.D Laing et vous pourrez peut-être même imiter certains aspects de la gnose schizophrénique. J'ai vu des individus diagnostiqués comme étant schizophrènes tenter de communiquer leur vision du monde à travers une salade de phrases et de chiffres déconnectés, non sans rappeler certaines des communications magiques des soi-disant « adeptes du plan intérieur ». Vous pouvez presque, sans toutefois jamais tout à fait saisir le sens de tout ceci, du moins pas avant d'être entré dans la gnose appropriée. Alors que l'individu schizophrène puisse ne jamais atteindre l'équilibre au sein de sa réalité fracturée, le magicien (au moins pour une partie du temps) doit le faire, pour être efficace dans le monde. Par conséquent, courez la démence maintenant et laissez ce qui reste ensuite poursuivre son cours.

La démence, comme la magie, le sexe et fumer la pipe, est quelque chose que vous devez connaître intimement pour en connaître les avantages. Autant dire que cela reste l'un des domaines tabous les plus puissants de la culture moderne et, pour ce seul fait, vaut le détour. Je ne vois pas vraiment l'intérêt d'une approche magique qui ne risque pas, à un moment donné, de déranger. Bien sûr, tout l'intérêt est de pouvoir traverser la ligne fine encore et encore, jusqu'à ce que vous ne puissiez faire aucune différence entre un état et un autre. À partir de ce moment, la volonté n'est plus encombrée d'images restrictives et vous vous retrouvez libre de laisser jaillir vos folles pensées et de les faire travailler pour vous comme vous le souhaitez.

La gnose des Grands Anciens est particulièrement pertinente ici. Parce que les concepts humains du bien et du mal, de la santé mentale et de la démence et des nombreux impératifs moteurs tels que « Être Juste », « Se Venger », etc., n'ont aucun sens, travailler avec les Anciens vous permettra de vous en départir rapidement.

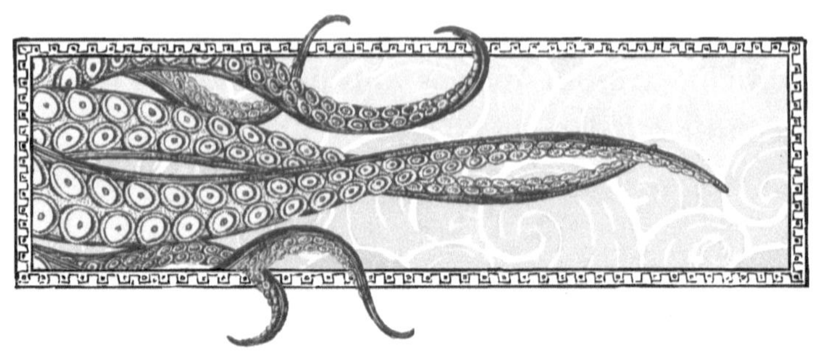

Les Contrés de la Nuit

L'UNE DES voies d'accès les plus courantes vers la gnose des Grands Anciens est le rêve et la vision astrale. Dans des contes du Mythe, tels que *La Quête Onirique de Kadath l'Inconnue*, Lovecraft a créé l'idée d'un « Pays des Rêves »[7] (avec plus qu'un clin d'œil aux œuvres de Lord Dunsany) lequel pourrait être accédé par le chercheur intrépide. Ce pays des rêves comportait des points de contact avec le monde physique et ces derniers pouvaient être utilisés pour accéder à des lieux de mystère interdit tels que le Monastère de Leng, Kadath

---

7   Dreamland. NDT.

dans le Désert Glacé, et certaines des planètes extérieures où les Grands Anciens étaient vénérés. Le
Pays des Rêves de Lovecraft semble partager un sentiment de nostalgie, associé à une peur apparente de
ce qui se terre aux frontières de la conscience. Ainsi,
les éléments d'un passé idéalisé, la fantaisie et la peur
de ce qui se trouve caché aux frontières de cet espace, servent à créer et à maintenir ce paysage de
rêve virtuel.

Le Sabbat Astral

On peut pénétrer dans le sabbat astral au
moyen des rêves ou par l'utilisation de la Gnose
Liminale. Comme il fut indiqué précédemment, il
s'agit de l'archétype du sabbat des sorcières, prési-
dé par Nyarlathotep en guise d'initiateur aux mystères—l'Homme en Noir. Il n'est pas rare que des
magiciens cherchant à entrer dans la réalité mythique
des Grands Anciens aient spontanément des rêves
qu'ils assistent au sabbat, et ces derniers devraient
être considérés comme un indicateur positif.

Les élémentaux larvaires et les entités zoomor-
phes sont grandement en évidence, de même que

les formes basées sur le thème des incubes et des succubes. L'emplacement du Sabbat a généralement tendance à être dans un endroit sauvage associé au domaine des Anciens, comme une caverne souterraine ou la clairière d'une forêt. Une fois que le contact avec le Sabbat a été établi, il est possible de le visiter sous forme astrale (humaine ou autre) et de participer à des interactions plus volontaires avec ses célébrants non humains. De telles interactions devraient être faites dans une perspective de liberté d'action à même le rêve, et le magicien aurait intérêt à ne pas se laisser trop distraire par les délices offerts par les entités élémentales. Les kabbalistes ont tendance à attribuer le Sabbat au domaine de Yesod, et il existe un certain degré de fascination (et par conséquent de tromperie) dans l'activité qui s'y déroule. L'une des approches pour travailler avec l'expérience du Sabbat est de prendre en note toutes les expériences, puis, suite à une participation ultérieure, faire attention aux thèmes qui deviennent récurrents et à la cohérence des détails au fil du temps.

Le Sabbat astral peut être utilisé comme point de départ aux fins d'explorations volontaires dans le pays des rêves du Mythe de Cthulhu. Si vous établissez des sites particuliers liés à votre travail, ceux-ci pourraient alors bien apparaître dans vos pays des rêves. Souvent, la frontière séparant l'expérience vécue et rêvée paraît s'estomper.

Les Livres Astraux

L'un des plus infâmes grimoires magiques appartenant à la mémoire récente est le *Necronomicon* de Lovecraft, un livre qui, s'étant échappé de la bibliothèque du Rêve, est paru dans différentes éditions, chacune prétendant être la « vraie » chose. Cependant, une grande partie de la puissance attribuée aux tomes tels que le Necronomicon provient de leur nature mythique. Une partie du glamour qui leur est rattaché est que l'on espère les trouver au fin fond d'un magasin poussiéreux, et certainement pas dans la section occulte générale d'une grande librairie moderne.

Cependant, l'idée de « livres astraux », rencontrés dans les rêves, est bien connue des occultistes — des exemples étant des livres non écrits de la part de Crowley et d'autres mages bien connus. Le concept général est celui d'avoir accès à de l'information au moyen du rêve ou de la vision. Le livre est le plus souvent considéré comme étant un dépositaire de connaissances et, qui sait, dans cent ans, sa place aurait peut-être été prise par celle du CD interactif. Par contre, pour le moment présent, une image onirique récurrente où la rencontre des traditions interdites est possible, est la bibliothèque astrale où les livres eux-mêmes peuvent être considérés comme conscients.

L'acte de « faire descendre » des livres astraux est évidemment liée à des phénomènes tels que l'écriture automatique, la canalisation ou à de l'information reçue alors que l'on est possédée par une entité lui permettant de se donner à la verbosité d'une manière ou d'une autre.

Ce type de communication est très populaire dans certaines formes de l'ésotérisme, et il est souvent reçu comme étant de nouvelles formes de « vérité » dont les personnes impliquées se sentent obligées de diffuser au reste de l'humanité, souvent par le biais de leur propre publication. La majorité de telles communications tendent à refléter les préoccupations et les croyances propres au médium par lequel elles sont reçues. Une communication initiale de ce genre peut receler d'un quotient élevé d'informations « nouvelles », mais généralement, au fil du temps et d'un contact prolongé, le niveau d'information a tendance à dégénérer en babillages psychologiques et en hypothèses plutôt évidentes.

La récupération d'informations à partir de livres astraux, tels que le Necronomicon, peut être considérée comme une forme propre de communication avec l'information qui se retrouve à la « lisière » du psychocosme personnel du magicien. Personnellement, je considère plutôt ce type d'extraction d'informations comme une procédure d'assemblage de nouveaux gestalts d'informations en état de gnose. Cependant, si vous trouvez le processus plus séduisant en le considérant comme un contact avec des états de conscience « extérieurs », le « sombre génie » ou le Saint Ange Gardien, qu'il en soit ainsi. Les informations reçues ont tendance à être cohérentes avec le système de croyances utilisé pour interpréter l'expérience magique—par exemple, ceux d'une persuasion Thélémique auront tendance à trouver que les données du Necronomicon seront en accord avec la métaphysique Thélémique.

Le rêve magique demeure l'une des techniques les plus utiles qui offerte à ceux qui souhaitent explorer le pouvoir du Mythe de Cthulhu. L'utilisation de sceaux, de *Dreamscaping* (voir *Prime Chaos*) et d'autres techniques peuvent être utilisées pour établir une position de l'espace astral, lequel en retour peut être utilisé pour tisser le psychocosme approprié. Il existe un lien certain entre les rêves et l'excitation émotionnelle liés au Mythe, en particulier les états *borderline* associés à une perception accrue et à la paranoïa.

Avec le temps et la pratique, vous découvrirez qu'il sera possible d'explorer plusieurs régions appartenant à la fois au Mythe Lovecraftien qu'à vos propres contrés nocturnes personnelles, en utilisant des techniques de contrôle des rêves.

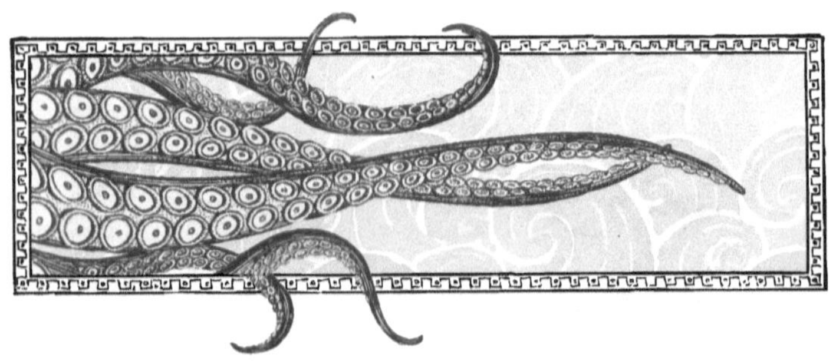

LES ZONES SOMBRES

UN ÉLÉMENT majeur pour comprendre la puissance des Grands Anciens est par leur relation aux paysages. Lovecraft l'indique clairement, à travers sa fiction, que les Grands Anciens se manifestent dans notre monde par des « portails » et que ces portes se trouvent souvent dans des endroits sauvages et solitaires. Des lieux entremêlés du mythe et du folklore local, associés à des lumières étranges, des bruits souterrains, des cercles de pierres et des ruines antiques. Il existe aussi d'autres portails—les angles étranges, les tunnels souterrains, les puits et les portes du rêve, la transe et de la démence.

Le pouvoir de tels lieux est ancien et persistant. Ces derniers sont des endroits où nous pourrions rencontrer n'importe quoi, des fantômes, des chiens spectraux, des villes perdues, des ovnis ou des dieux oubliés. Des endroits sauvages tels que ceux-ci peuvent être trouvés à tous moments de l'histoire mythique. Ce sont des zones où le voile entre les mondes est le plus ténu, où ceux qui foulent le chemin sont à la merci de forces terribles et doivent se protéger par des précautions rituelles et des sacrifices propres à eux. De nombreux récits de Lovecraft à propos du Mythe traitent du gouffre de la compréhension entre l'homme cultivé, citadin rationnel, qui traverse une zone si sombre ; et les mythes avilis des paysans indigènes, dont les traditions enchevêtrées sont au centre de la terreur. Ce thème revient également à travers l'histoire. Les Grecs, par exemple, associaient les lieux sauvages au pouvoir de Pan, porteur de terreurs paniques. Ceux qui s'égaraient dans ces zones risquaient la disparition, la transfiguration ou la mort aux mains de forces surnaturelles.

Les Grands Anciens sont étrangers à la civilisation et à la rationalité humaine. Par conséquent, des endroits de pouvoir appropriés pour communier avec eux devraient pouvoir transmettre ce sentiment de sauvagerie, de pouvoir bouillonnant. De tels endroits n'ont pas besoin d'être situés loin des repaires des hommes. Les tunnels souterrains—les puits de mine désaffectés, les centrales électriques abandonnées et autres peuvent également véhiculer ce sentiment de forces en gestation intemporelle. Dans son livre *Strange Creatures from Time & Space*, John Keel examine le cas de « l'homme-phalène »[8] de la Virginie-Occidentale, dont les apparitions étaient centrées sur un dépôt de munitions abandonné de la Seconde Guerre mondiale.

De endroits comme ceux-ci sont tissés de mythes et de terreur. Tout événement survenant dans l'une de ces localité ajoute à son pouvoir, qu'il s'agisse d'une bataille, d'un meurtre ou d'un viol. La gestalt d'un tel site—l'encapsulation de son écologie (terrain, plantes, mouvements d'animaux, changements de saisons, atmosphère, historique, mythe et histoire en évolution) et la conscience de ceux qui pénètrent dans son espace—est communément connue sous le nom de *Genius Loci* (l'esprit du lieu). Tout comme certains espaces semblent posséder une aura palpable de calme et de tranquillité, d'autres transmettent une

---

8   Mothman. NDT.

atmosphère subtile, que l'on pourrait interpréter comme peu accueillante, voire même haineuse envers ceux qui pénètrent ses frontières.

Il est très utile de déployer tout grands vos sens lorsque vous approchez d'un possible lieu de pouvoir. La chose la plus utile que vous puissiez faire, au départ, est de vous taire et d'écouter. Prenez note de votre environnement immédiat. Visitez le site à différentes heures et, si possible, passez-y une nuit. Abordez-le comme vous le feriez avec une personne ou un puissant animal — respectez-le et prenez le temps d'apprendre à le connaître. Les magiciens débutants commettent parfois l'erreur d'essayer « d'évoquer le pouvoir » sur un tel site. S'il s'agit bien, en effet, d'un lieu de pouvoir, vous ne pouvez pas le contrôler. L'approche est plutôt de vous fondre en lui et d'en faire partie. Le fait de trouver un portail et d'y entrer n'est pas sujet à une forme rituelle, mais d'entrer dans un état de conscience — se glisser dans un état où vous pouvez percevoir les Anciens comme étant toujours présents.

Cet état s'apparente à la tradition des paysans dégénérés de Lovecraft — la connaissance et la conscience que les Anciens se terrent aux confins de la civilisation ; qu'en des temps et des lieux particuliers ou dans l'esprit de ceux qui se sont rendus étrangers aux préoccupations humaines, ils puissent alors pleinement pénétrer dans notre monde en tant qu'émissaires du Chaos et de la Nuit Séculaire.

LES PORTAILS

Bien sûr, il existe d'autres formes de Portails par lesquels on peut entrer. Des exemples de ceux-ci incluent des images (telles que celles peintes par Austin Osman Spare), des toiles en angles, des cristaux, des miroirs de divination et un état de conscience, tel que décrit par Lovecraft, qui se caractérise par un intense sentiment de nostalgie pour ce qui a depuis longtemps disparu. Un endroit peut susciter une vive sensation sans aucune raison apparente, tout comme le peut une peinture ou un agencement de motifs. Cette hyper-nostalgie est sans sens propre. C'est-à-dire que c'est une nostalgie de quelque chose qui, bien que perdue, demeure inconnaissable. Si cet état est maintenu dans le temps, sans aucune tentative de le focaliser dans aucune direction spécifique, cela se transforme alors en une sensation globale de déplacement dans un royaume d'ombres ; un détournement de la conscience linéaire vers ce qui est beaucoup plus substantiel et chaotique — les Grands Anciens.

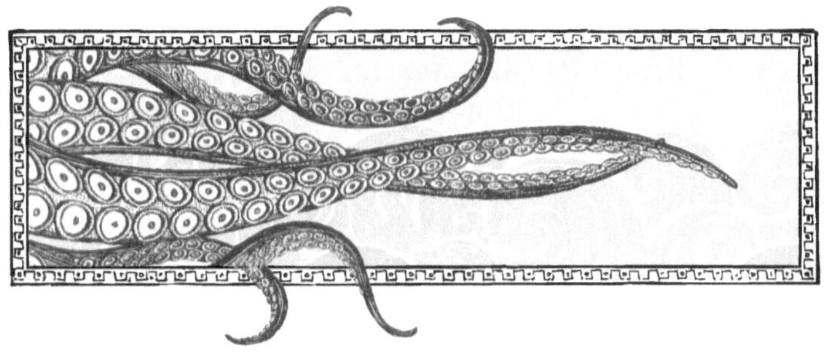

ANNEXES

UIVENT ICI deux comptes rendus de l'utilisation de l'imagerie du Mythe de Cthulhu dans les travaux de magie pratique. Premièrement, un cheminement guidé[9] pouvant être utilisé pour la transmission de désirs sigilisés ; et deuxièmement, le narratif d'un travail de guérison utilisant l'entité connue sous le nom de Tsathoggua.

---

9   Pathworking. NDT.

PATHWORKING DE CTHULHU

Introduction

Ce *Pathworking* utilise l'imagerie du Mythe de Cthulhu afin de générer des conditions d'enchantement via des Sceaux. Cthulhu est défini ici dans sa fonction du « Seigneur des Rêves », basé sur le conte de Lovecraft « L'Appel de Cthulhu », qui raconte que, lorsque Cthulhu remue, « dans le rêve de la mort », une ondulation télépathique est envoyée à travers le monde . Cette imagerie guidée a été utilisée pour envoyer des communications « télépathiques » à travers une vaste zone. Un sceau devra être préparé avant de débuter ce travail.

Séquence

Commencez par demander aux participants de se détendre par n'importe quelle méthode de leur choix. La narration se déroule en séquence d'images :

« Tout autour de vous est l'obscurité… vous entendez, à la limite de votre conscience, le ressac des vagues contre un rivage. Vous vous tenez debout sur une plage.

Le ciel au-dessus de vous est bleu-noir, teinté de violet. Derrière les nuages, vous apercevez faiblement la pleine lune ; elle est d'une couleur jaune terne.

Vous marchez en direction de l'eau, ressentant les grains de sable contre la plante de vos pieds. Vous entrez dans l'eau—un choc soudain de l'eau froide contre vos chevilles.

Vous marchez dans l'eau, sentant le froid remonter lentement le long de votre corps—le long de vos cuisses, le long de votre ventre, le long de votre poitrine. Vous continuez à marcher encore plus profondément dans l'eau, en sentant les vagues clapoter doucement contre votre corps, jusqu'à ce que l'eau atteigne finalement votre cou.

Pendant un instant, vous hésitez—vous ressentez une étrange envie d'aller plus profondément, mais ce corps humain ne peut guère aller plus loin. Vous devez vous changer dans une forme plus appropriée.

[Remarque : la forme à adopter pour le changement peut être laissé à la discrétion de chaque participant. Les formes suggérées incluent l'Un des Profondeurs ou un Shoggoth. Dans cette imagerie guidée, la forme d'Un des Profondeurs fut utilisée.]

Vous vous transformez par la volonté en une créature des profondeurs. Entre vos doigts et vos orteils se forme une membrane de peau. Vos yeux grossissent de leurs orbites et votre bouche s'élargit — vous voyez vos compagnons se transformer aussi en Ceux des Profondeurs — mi-humains, mi-grenouilles. Vous sentez des sillons de branchies pousser en dehors de votre cou. Inspirez profondément et plongez votre tête sous l'eau (les participants retiennent ici leur souffle). Vous ressentez un bref spasme de peur, c'est la panique de vous noyer, mais vous ouvrez la bouche et expirez, et laissez l'eau s'engouffrer dans vos poumons. Vous remarquez que vous pouvez respirer aisément, bien que l'eau ait, au début, un goût amer et salé.

En regardant tout autour de vous, vous découvrez que vous pouvez facilement voir sous l'eau — un étrange monde bleu-vert, s'estompant dans la noirceur d'un profond abysse.

Vous inspirez profondément, vous faites un plongeon vers le bas et nagez vers les profondeurs en vous déplaçant facilement et puissamment, utilisant vos nouveaux bras et jambes.

Vers le bas vous nagez, passant des bancs de poissons aux couleurs vives, dans le profond silence de l'abysse. Tout en nageant, vous vous rendez compte d'une faible lueur phosphorescente venant d'en dessous. Vous vous enfoncez toujours vers le bas, sentant que quelque part, plus loin encore dans les profondeurs, quelque chose vous attend.

Indistinctement, vous commencez à apercevoir les contours sombres de montagnes ou de bâtiments.

À mesure que vous vous rapprochez, vous pouvez voir des blocs de pierre cyclopéens briller d'une faible lueur verdâtre. Il y a des bâtiments, mais vous ne pouvez pas les distinguer très clairement. Leurs angles sont faux—votre perspective semble changer continuellement. Vous descendez en nageant vers une cité gigantesque faite de piliers, de tours et de portes et de fenêtres béantes ; il y a des statues en ruine couvertes d'algues et de balanes. Vaguement, vous ressentez une sensation pulsante et vibrante à travers l'eau, comme le lent battement d'un cœur puissant.

Vous nagez maintenant en surplombant la ville—au loin, vous distinguez une vaste forme se dresser devant vous. En vous rapprochant, vous voyez qu'il s'agit d'un monolithe noir, titanesque. Vous vous arrêtez et savez que ce monolithe couronne la crypte de Cthulhu—le Seigneur des Rêves.

Le sceau revient dans votre esprit. Vous inspirez et voyez le sceau briller devant vos yeux—faites une pause—puis expirez, projetant le sceau contre la surface du monolithe. Pendant une fraction de seconde, il brille contre sa surface, et puis s'estompe.

Tout à coup, provenant de la ville se fait entendre un grondement sourd, comme si commençait un tremblement de terre. Vous êtes surpris par une énorme vague d'énergie jaillissant d'en dessous ; il y a un bref aperçu d'angles et de plans qui s'inclinent follement, et puis vous êtes ramené à la surface. Il y a un moment d'obscurité totale, puis vous vous retrouvez allongé dans le ressac, haletant, de retour dans votre forme humaine. Un autre moment de noirceur passe, et vous êtes finalement de retour dans le temple.

VIEUX CRAPAUD SOUS UNE MONTAGNE

Ceci est un bref compte rendu d'un travail impliquant Tsathoggua, l'entité Crapaud protéiforme mentionnée dans la fiction du Mythe telle que *The Seven Geases* par Clark Ashton Smith.

Il y a quelques années, je faisais un travail de guérison prolongé avec un ami qui souffrait de ganglions enflés dans le cou. Au cours d'une enquête sous forme de transe sur son « corps psychique », j'ai « vu » la racine psychique du problème comme étant un crapaud qui s'était gonflé au point de se loger dans son cou.

J'ai fus informé, par un esprit familier, que la seule chose qui délogerait ce crapaud était un crapaud encore plus gros, et suite à une méditation et une divination, j'ai décidé d'invoquer Tsathoggua sur moi-même, après une bonne préparation.

Prenant l'aspect de, et tirant la puissance de, Tsathoggua pourrait me permettre, pensais-je à l'époque, d'ordonner à l'esprit-maladie crapaud de quitter l'endroit où il s'était logé.

Je me suis préparé en vue de ce travail par la privation de sommeil et le jeûne, le tout combiné à une danse énergétique (au tambour) lors d'un événement sur scène la veille au soir. Le Rite eu lieu dans la demeure de mes amis. J'ai tracé un cercle autour de nous à l'aide de tambour, de hochet, de cloches et de chants libres. J'ai couvert mon visage avec du maquillage facial blanc, de la cendre et du sang. J'ai utilisé une série de cordes méticuleusement nouées avec lesquelles lier mon ami, murmurant des sorts de liaison dans les nœuds pendant que je les tordais.

L'Invocation

J'ai commencé par visualiser Tsathoggua dans la pénombre, accroupi sur son trône, puis se mettant à suinter à travers des tunnels presque noirs et faisant de lourds bonds entre les piliers d'une ville en ruine. J'ai commencé à me déplacer dans l'espace rituel, « ressentant » les pourtours de mon corps comme si j'étais un être-crapaud énorme et maladroit ; déplaçant mon centre d'équilibre et marmonnant en m'identifiant avec Tsathoggua qui est devenu de plus en plus guttural et gluant. J'ai commencé à ressentir ces changements de conscience particuliers, lesquels sont annonciateurs d'un début de possession partielle ; je me suis retrouvé à saliver copieusement ;

que je pouvais sentir ma langue gonfler pour remplir ma bouche ; que mes jambes refusaient à présent de me tenir debout, et que je ne pouvais plus opposer mes pouces, ni voir clair à travers le flou de brume noire et blanche qui nageait devant mes yeux. Pendant de brefs instants, je fus submergé en crapaud, puis je suis revenu, mêlant nausée et agonie à une exaltation exaltante. Comme je cessais de lutter contre la possession, j'éprouvais un curieux désengagement. C'était comme si une partie de moi se tenait d'un côté, observant toute la scène, et dirigeait le corps qui trébuchait dans la pièce, se déplaçant maladroitement sous des signaux pulsant en provenance du cerveau reptilien.

Dans toute cette bifurcation de conscience, j'ai aperçu le gros crapaud et le petit crapaud, accroupis dans le corps lié sur le sol. Puis, j'étais à nouveau complètement dans mon propre corps et je l'ai traîné jusqu'à mon ami.

Tout en ouvrant maladroitement sa bouche, je projetai mentalement ma/la langue de Tsathoggua, la glissant dans sa gorge, engloutissant la petite entité logée à cet endroit, puis me retirant, et… gulp ! L'esprit-maladie fut avalé dans mon propre ventre. Cet acte rompit le charme. Une vague de nausée me submergea et je m'effondrai, perdant la peau de crapaud et me métamorphosant du moi-bête au moi-humain, en ayant recours à l'un de mes « masques » magiques pour focaliser mes efforts. Après m'être centré, j'ai libéré mon ami, banni la zone et poursuivi avec une forme de transe moins extrême.

Suivant le travail, j'ai dormi probablement une dizaine d'heures d'affilée, pour me réveiller avec de graves crampes d'estomac qui se sont rapidement transformées en vomissements. Évidemment les « poisons » de l'esprit-crapaud n'étaient pas en accord avec moi! La nausée perdura environ trois jours avant de disparaître, et en effet, ce genre d'effet secondaire suite à l'« ingestion » d'esprits-maladies n'est pas inhabituel, d'après mon expérience.

Commentaires

1. La relation entre les Entités du Mythe et le « cerveau du dragon » ou système limbique a déjà été commentée — ce travail semblerait confirmer encore davantage ce lien.

Il convient également de noter la fascination que porte Lovecraft pour la transformation zoomorphe entre les états d'être humain et de batracien. Les grenouilles et les crapauds apparaissent dans divers cycles de mythes comme étant des sources de sagesse et d'instruction.

2. La correspondance avec d'autres personnes enclins au travail chamanique suggère que l'un des indicateurs positifs les plus courants de la possession de l'esprit-animal consiste aux changements dans la perception visuelle ainsi que des transformations physionomiques.

3. Les techniques d'invocation étaient basées sur des exercices dramatiques, dont certains se trouvent dans le livre de Keith Johnstone, *Impro*. Le nom « Tsathoggua » est très évocateur lorsque l'on essaie de passer d'un discours clair à des paroles prononcées par un crapaud.

4. C'était l'une de ces rares occasions où j'ai utilisé une entité du Mythe en vue d'obtenir un résultat magique direct : la guérison (certainement pas ce à quoi on associe habituellement les entités du Mythe).

Si tu plonges longtemps ton regard dans l'abîme,
l'abîme te regarde aussi.

— Friedrich Wilhelm Nietzsche

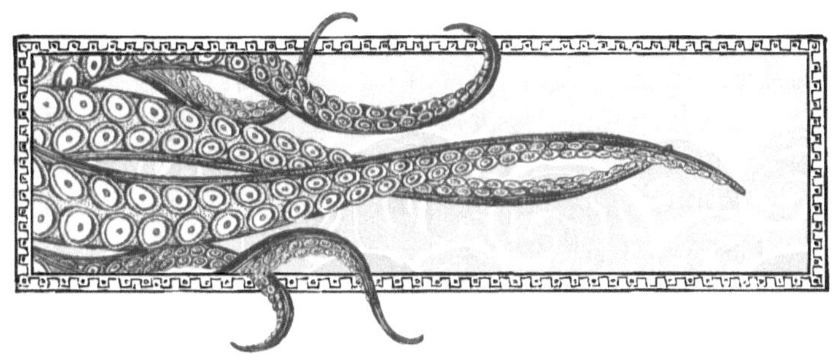

BIBLIOGRAPHIE CHOISIE

Bertiaux, Michael—*The Voudou-Gnostic Workbook* (Magical Childe, 1988)

Borgeaud, Phillipe—*The Cult of Pan in Ancient Greece* (Chicago, 1988)

Burroughs, William S.—*The Place of Dead Roads* (Calder, 1984)

Burroughs, William S.—*The Job* (Calder, 1984)

Carroll, Peter J.—*Liber Null & Psychonaut* (Samuel Weiser, 1987)

Carroll, Peter J.—*Liber Kaos* (Samuel Weiser, 1992)

Carter, L.—*Lovecraft: A Look Behind the Cthulhu Mythos* (Ballantine Books, 1972)

Crowley, Aleister—*The Vision and the Voice* (Sangreal Foundation, 1972)

De Camp, L. S.—*Lovecraft: A Biography* (NEL, 1976)

Falorio, Linda—*The Shadow Tarot* (Headless Press, 1991)

Gleick, James — *Chaos* (Cardinal, 1987)

Grant, Kenneth — *Hecate's Fountain* (Skoob Books, 1993)

Grant, Kenneth — *Nightside of Eden* (Muller, 1972)

Hay, George (ed.) — *The Necronomicon* (Skoob Books, 1992)

Hine, Phil — *Prime Chaos* (Chaos International, 1993)

Linden, Mishlen — *Typhonian Teratomas* (Black Moon, 1991)

Lovecraft, H.P — *The Haunter of the Dark* (Panther, 1965)

Lovecraft, H.P — *At the Mountains of Madness* (Panther, 1970)

Lovecraft, H.P — *Selected Letters Vols. 1—5* (Arkham House, 1965—1971)

Tenebrous, Fra. — *Cults of Cthulhu* (Daath Press, 1987)

Vinci, Leo — *Pan: God of Nature* (Neptune Press, 1993)

COLLECTIONS

Starry Wisdom — Zebulon, Fra. (ed.) (Pagan News Publications, 1990)

The Nox Anthology — Sennitt & Hewitson-Mays (eds.) (New World Publishing, 1991)

The Starry Wisdom — D. M. Mitchell (ed.) (Creation Press, 1994)

PÉRIODIQUES

The Pylon, No. 1

Esoterra, No. 2

Nox Magazine, Nos. 3—6

Chaos International, No. 13

TABLE DES CHAPITRES

9 782898 062285